원효 강의

이경강의총서 001

원효 강의

정 경 환 지음

머리말

'원효 강의'는 대학원에서 강의한 내용을 보완하여 정리한 것입니다. 원효는 한국역사상 가장 방대한 저술을 간행한 대사상가이자 철학자입니다. 원효를 깊이 있게 공부하여 연구하려면 단시일 내에 이루기 어렵다고 생각합니다.

원효에 대한 공부는 남다른 인내심으로 원효가 저술한 책들을 전부 꼼꼼하게 읽고 그것을 정리해야 합니다. 이 과정을 거친 후 자신이 쓰고자 하는 주제에 맞게끔 분석하여야 합니다. 이러한 과정을 거친다고 해서 원효에 대한 연구는 완성되는 것이 아닙니다.

원효를 제대로 공부하고 연구하려면 반드시 전제조건이 필요합니다. 무엇보다 연구자 개인이 어떤 인식체계를 가지고 있는가? 하는 문제가 중요합니다. 원효는 자신의 사상과 철학을 그냥 관념 속의 유희로써만 머물게 하지 않고 현실에서 실천하였습니다. 그것도 보통 학자들이 흉내 내기 어려운 파격적인 방법으로 그는 민중들과 삶을 공유하면서 자신의 철학을 폈습니다.

이러한 그의 지행합일의 행동은 우리 역사상 일찍이 유례가 없을 정도로 치열한 삶을 살게 하는 원동력이 되었습니다. 원효는 단순한 사상가가 아닙니다. 그의 사상과 철학은 현실과 유리된 형해화된 탁상공론이 아니라 민중의 삶과 직결되는 수순으로 전개되었습니다.

그의 사상은 다양한 차원에서 논의되고 있습니다. 일심, 화쟁, 화엄, 정토, 무애사상 등 그의 사상을 규정하는 수많은 논의들이 지금까지 있어왔습니다. 그러나 그의 사상은 어느 한 가지의 사상으로 분류하기에는 그 깊이와 넓이를 가늠하기 힘들 정도입니다.

여기서 다룬 그의 사상의 내용은 극히 일부분에 불과합니다. 앞으로 이를 계기로 원효에 대한 연구를 보다 깊이 있게 진척할 결심입니다. 철학을 공부하는 이는 반드시 원효라는 거봉을 넘어야 합니다. 여기서 넘는다는 표현은 원효 사상의 깊이에 비해 적당한 말은 아니지만 원효 사상에 대한 이해가 이루어지지 않으면 진정한 철학을 했다고 어려울 정도로 원효 사상에는 철학의 정수가 들어 있습니다.

원효를 공부함에 있어서 가장 중요한 것은 철학의 본령인 '무지의 지' 에 대한 깨달음입니다. 무지의 지를 제대로 파악하지 못하면 원효에 대한 정확한·올바른 이해는 절대 불가합니다. 무지의 지는 자아를 버리고 독선으로 무장된 지식체계를 버릴 때 터득될 수 있습니다. 그리고 원효를 공부하는 이들은 스스로 순수한 심성을 가져야 합니다.

사특하고 탁한 이들은 결코 원효에 대한 올바른 공부에 이를 수 없습니다. 원효 자체가 너무나 순백하고 순수한 인간의 전형이기 때문에 원효를 공부하는 이 역시 순백하고 순수함을 유지하고 있어야 원효에 대한 제대로 된 공부를 진척할 수 있습니다. 그래서 본 책은 무엇보다 원효에 대한 공부법부터 논의를 전개하고 있습니다.

원효에 대한 접근은 그냥 원효의 저술을 무작정 읽는다고 해서 그 목표한 바가 이루어지는 것은 아닙니다. 원효가 과연 무슨 바램으로 그러한 주장을 하고 행동을 하였던가? 에 대한 분명한 인식이 이루어져야 합니다. 연구자 개인이 지니고 있는 인간과 세계에 대한 인식이 원효가 추구한 바와 동일성을 유지해야 원효는 연구자에게 다가올 수 있습니다.

원효는 민중에 대한 사랑을 온몸을 던져 실천한 분인데, 연구자가 반민중적이고 권위주의적인 사고에 물들여 있는 사람 같으면 어찌 원효를 제대로 분석하고 공부할 수 있겠습니까? 그래서 원효에 대한 공부는 원효란 인물에 대한 이해가 전제되어야 하고 공부하는 이 역시 원효가 추구한 바와 완전히 다른 행동을 해서는 안 된다고 생각합니다.

역사에서 어떤 인물을 만나느냐에 따라 운명이 달라진다고 해도 과언이 아닙니다. 원효를 이 순간 우리가 만남으로써 새로운 나, 새로운 조국, 새로운 역사에 대한 새로운 결심과 각오를 다질 수 있는 계기가 되기를 바랍니다.

원효는 우리 역사에서 핀 지지 않는 꽃이자 꺼지지 않는 횃불입니다. 원효가 일생을 통해 바라고 그러면서 실천했던 그 사상과 철학을 분단시대에 사는 우리들은 반드시 계승하여 분단을 넘어 통일의 시대를 밝히는 사상적 원천이 되기를 바라마지 않습니다.

이럴 때만이 역사 속에 묻혀 있던 원효는 다시 일어나 시대의 등불로써 새롭게 우리들의 가슴에 각인될 것입니다. 어려운 시기에 출판을 맡아주신 도서출판 이경에 감사드리고 교정을 맡아준 딸 유경에게 사랑의 마음을 전합니다.

정경환

차 례

•

원효 강의

1부 원효의 공부입문

원효 강의

1강 원효 강의를 시작하면서

'원효'란 이름만 들어도 우리 한국인들은 무엇인가 우리를 영원히 보호하고 보살피는 존재와 같은 느낌을 지울 수 없습니다. 원효가 있기에 마치 우리의 존재가 넉넉해지고 풍부해자는 것과 같은 생각을 가지게 됩니다. 그는 17세 전후 출가하여 70세의 나이로 타계할 때까지 오직 대비심(大悲心)으로 대중교화의 보살행을 온 몸을 던져서 산 구도자이자 수행자이자 사상가이자 민중의 지도자였습니다.

그는 결코 평탄하고 평범한 길을 걷지 않고 누구도 가기 어려운 험난하고 참으로 굴곡진 삶을 처절하게 살았습니다. 보통 배운 이들, 가진 이들, 권력(권세)이 있는 이들은 근엄하고 근접하기 어렵고 가식과 허위와 거짓의 탈을 쓰고 민중·서민과 유리된 삶을 영위합니다.

말로써는, 이론으로써는, 학문으로써는 인생을 논하고, 역사를 논하고, 철학을 논하고, 정치를 논하지만 그들은 늘 편협한 사고로써 세상을 진단하고 편을 가르고 갈등을 조장합니다.

그는 이러한 지식인의 이중성을 혁파하고 정말 순수하고 애기와 같은 마음으로 모든 것을 버리고 민중교화라는 보살행을 추구하였습니다. 각종 논설과 이설(異說)을 통해 내 것이 옳다, 나만이 바른 길이다라는 시중의 백가쟁명(百家爭鳴)식의 논쟁을 그는 자신의 화쟁론으로써 하나로 귀결시켜 회통하려고 했습니다.

이러한 그의 전 활동의 근거가 되는 심오한·체계적인 사상이 바로 '일심사상'(一心思想)입니다. 일심론은 그의 모든 사상과 철학 그리고 활동의 근거이자 기초이자 뿌리입니다. 화쟁이나 회통 그리고 무애는 자신의 사상적 틀이자 이상인 일심을 구현하기 위한 하나의 방편에 불과합니다.

그는 한국사에서 보기 드문 위대한 철학자이자 자유인이었습니다. 어디에도 걸림이 없이, 구애도 받지 않고 오직 자기 뜻대로, 자기가 정한 대로, 자기 언어와 자기의 원칙을 가지고 삶을 살았습니다. 그는 제도권 내의 기존의 귀족적인 학자와 승려와는 타협될 수 없는 **순수함**, **따뜻한 마음**, **민중에의 사랑** 이 세 가지를 가지고 전국 방방곡곡을 다니면서 천대받던 광대, 백정, 기생, 시정잡배들은 물론이고 코흘리개까지 함께 어울리고 노래하고 춤추고 술 마시고 하였습니다.

그는 모든 격식과 허식을 버리고 성(聖)과 속(俗)의 일체와 통일에 전념하였습니다. 그러면서도 그는 불교의 교리상의 원칙, 정신은 허물지 않고 그 불교의 상을 실천함에 있어서 장애가 되는 경계·장벽을 강인한 실천의지로 허물었습니다.

그는 요석공주와의 관계로 설총을 낳은 후 속복으로 갈아입고 머리를 기르고 스스로 '소성거사'(小姓居士)라고 하여 자신을 한없이 낮추고 민중과 서민 속으로 뛰어 들어갔습니다.[1]

원효가 활동하던 7세기(617-686년)는 통일신라기로 한 마디로 격동과 격변과 혼돈의 시기였습니다. 어디에 의지할 데 없는 민중을 위해 그는 상구보리(上求菩提) 하화중생(下化衆生) 즉 깨닫기(상구보리)와 베풀기(하화중생)라는 대승불교의 이상을 아무 조건 없이 실천하였습니다.

붓다 당시 재가거사였던 유마힐 거사가 말한 "중생이 앓으니 보살이 앓는다."는 그 말을 현실에서 실천한 진정한 실천적 지성이 바로 원효입니다.

원효에 대한 구체적인 것은 앞으로 본 강의를 통해 매우 구체적으로 언급하도록 하고 오늘은 원효의 사상과 철학을 구체적으로·정확히·올바르게 공부하기 위해 원효의 퍼스낼러티(personality), 원효 공부법, 원효의 바램 및 원효의 교화법과 원효의 수행법(발심수행장을 기초)을 알아보도록 합시다. 사실 이들 주제들은 하나의 큰 주제이지만 시간관계상 간략하게 설명·분석하고자 합니다.

---

1) 원효와 요석공주 간의 일에 대해서는 일연(지음)·김원중(옮김), 『삼국유사』(서울: 을유문화사. 2005), pp.458-459 참조.

2강 원효사상과 철학의 수행을 위한 입문

원효사상과 철학을 제대로 수행하기 위해서는 원효공부를 위한 입문과정이 필요하다고 생각합니다. 원효의 사상과 철학은 그 깊이와 넓이를 헤아리기 힘든 정도로 깊고 넓기 때문에 그냥 무작정 읽는다고 해서 이해할 수 있는 것이 아니라고 생각됩니다. 이런 점에서 원효의 사상과 철학을 제대로 이해하기 위해서는 기초 작업이 필요합니다.

이를 일컬어 '원효사상과 철학의 수행을 위한 입문'으로 정한 것도 원효의 사상과 철학에 대한 이해를 증진하기 위한 것입니다. 이러한 입문편을 잘 들으면 원효에 대한 정리된 생각을 가질 수 있을 것으로 보입니다.

1. 원효의 퍼스낼러티 : 원효란 누구인가?

원효의 퍼스낼러티는 원효가 누구인가? 라는 의문과 거의 같은 내용이라고 할 수 있습니다. 즉 원효의 퍼스낼러티는 원효의 정체성을 밝히는 것입니다.

우선 원효의 사상과 철학은 철학의 전범(典範)이라고 규정할 수 있습니다. 철학의 본령에 충실한 인물로서 그는 고정된 사고의 전형에서 벗어나 자기철학에의 침잠(沈潛)을 통해 철학함의 참 모습을 보여주고 있습니다.

철학이란 무엇인가?

여기서 우리는 철학(philosophy)이 무엇인지에 대한 설명이 요청됩니다.[2] 철학이란 무엇인가? 라는 의문은 철학의 본질에 대한 질문이자 철학의 개념에 대한 질문입니다. 철학은 모든 학문의 기초이자 '학문 중의 학문' 즉 '만학(萬學)의 학(學)' 이라고 칭해지고 있습니다. 다시 한 번 질문을 던져봅니다. 철학이란 무엇인가?

첫째, 철학은 일체의 고정된 진리를 부정합니다. 흔히 진리는 변치 않을 것이라고 알고 있습니다. 진리는 천년 만 년을 가도 동요되지 않는 절대선으로 다들 인식하고 있습니다. 그러나 철학은 이러한 보편타당하다고 생각하는 일체의 진리에의 승인을 담보하지 않습니다. 이런 점에서 철학은 '회의의 학' 이자 '부정의 학' 입니다. 기존의 진리, 지식, 인식을 그대로 답습하면 그것은 진정한 철학이 아닙니다. 그것은 철학의 한

2) 철학이란 무엇인가? 라는 질문에 대한 이하의 견해는 정경환, 『인권과 정의』(부산: 도서출판 이경, 2013), pp.213-214 참조.

과정일 수 있지만 철학은 기존의 것에 대한 회의로부터 출발합니다.

둘째, 철학은 전제에 대한 비판학입니다. 전제는 어떠한 사물이나 현상을 이루기 위해 먼저 내세우는 것입니다. "철학의 특성인 비판적 평가는 가정에 대한 비판으로부터 시작하지만, 또한 논증의 비판에까지로 계속 나아가게 된다."[3] 라파엘(D. D. Raphael)이 말한 것은 철학에 대한 정확한 진단입니다. 가정이나 전제에 대한 비판적 기능은 철학의 본령이자 본질에 해당한다. 비판이 없으면 철학은 올바른, 진정한 철학이 아닙니다.

셋째, 철학은 인간과 세계의 근원을 탐구하는 탐구학입니다. 철학에서 회의하고 의심하고 비판하는 것은 그 자체가 목적이 아닙니다. 의심, 비판, 회의를 통해 인간과 세계에 대한 근원을 규명하기 위함입니다. 그러면 왜 근원을 규명하는가? 보다 확실하고 명백한 실체를 규명하기 위함입니다.

넷째, 철학은 이상과 동시에 현실을 추구하는 현실학입니다. 철학은 결코 관념의 유희로써 대상을 고정시키면 안 됩니다. 철학은 이상과 현실 간의 지행합일(知行合一)을 추구합니다. 철학은 땅을 짚고 서서 하늘을 향하는 형상을 띠고 있어야 합

---

3) D. D. Raphael, *Moral Philosophy*, 김영철·김우영(옮김), 『현대도덕철학』(서울: 서광사, 1988), p.16.

니다. 여기라는 공간적 요소와 지금이라는 시간적 요소는 결코 절연해서는 안 되는 현재진행형의 학문이 바로 철학입니다.

이상과 같은 철학의 4대 명제를 통해 철학을 개념 정의하면 철학은 깊은 사유를 통해 참된 자기를 규명하는 것입니다. 그리고 철학은 인간과 세계의 근원을 규명하기 위해 끊임없이 탐구하는 것이고 동시에 철학은 현실의 파토스(pathos)를 극복하여 이상을 향해 끊임없이 나아가는 것입니다. 그래서 철학은 해답이 없고 결론이 없고 끊임없는 물음 속에서 내일로 내일로 끊임없이 나아가는 것입니다.

둘째, 원효의 퍼스낼러티로서 그는 주체의 철학을 몸소 실천하고 있다는 점을 지적할 수 있습니다. 그는 나를 주어로 삼고 나머지를 자기식대로 판단하고 분석하였습니다. 철학은 두려움, 의존함, 비겁함이 배여 있으면 할 수 없습니다. 그 어떤 위기, 어려운 상황에서도 철학은 용기의 산물입니다. 이런 점에서 원효는 진정한 주체적 철학자입니다.

셋째, 원효는 학문하는 이의 자세를 여실히 보여주고 있습니다. 학자의 길이 어떠해야 하는가를 정확히 보여주고 있습니다. 권력을 좇고 명예를 좇는 폴리페서(polifessor)들이 난무하는 작금의 시대에 원효는 학자가 걸어가야 할 길을 정확하게 제시하고 있습니다.

넷째, 원효는 열린 사고의 소유자였습니다. 그는 어느 한 학파에 소속되어 동굴 속의 개구리 식의 닫힌, 편협한 지식인이 아니었습니다. 대학에서도 보면 내 제자, 네 제자 하며 따지고 편을 가르는 것이 일상화되어 있습니다. 대학원의 경우도 자기가 지도교수로 있지 않은 제자에게는 눈길도 주지 않고 냉정하게 대하는 이들이 많습니다. 반면 자기에게 배움을 익힌 제자면 정성을 다해 자기를 보이고 가르칩니다.

진리의 전당이라는 대학마저 이러할진대 일반 사회나 조직의 경우 어떠하겠습니까? 어떻게 보면 대학사회가 가장 편가르는 경우가 가장 심한 지 모릅니다. 지식인이라는 이들의 경우 그 지식 때문에 이분법으로 세상을 보는 눈과 태도에 매몰되었는지도 모릅니다.

반면 원효는 바다와 같은 넉넉하고 포용적인 마음을 가진 정말 큰 그릇이었습니다. 그는 그 어떤 편을 가르지 않고 자신의 견해와 다른 견해들을 수용하고 그것들을 하나의 원리인 일심(一心)의 사상으로 화쟁하려고 하였습니다.

다섯째, 그는 허위와 가식을 넘어 참다운·순수한 인간의 전형을 보여주고 있습니다. 그는 이중적이지 않고 늘 겉과 속이 같은 순수한 인간을 추구하고 있었습니다. 그리고 그는 어린애와 같은 밝은 미소와 해맑은 행동으로 주변을 감화시키고 있습니다.

스스로 마음을 비우고 상대를 사심과 이해관계를 가지고 대하지 않고 있는 그대로 대하면서 교화할 수 있었던 것은 바로 그의 **순수함**에 있습니다. 순수함은 사람을 끌어당기는 힘의 원천입니다. 나 잘났다고 교만하고 가식적인 사람에게 사람은 모이지 않습니다. 아무리 가식으로 자신을 위장하면서 자신의 교만함을 감추고 있다고 하더라도 위선적인 교만은 반드시 드러나게 마련입니다.

순수한 사람은 그 눈빛이 다르고 그 행동거지가 다릅니다. 그래서 그에게서는 빛이 나고 밝은 기운이 전해지는 것입니다. 인간이란 기(氣)로 구성되어 있는 기적(氣的) 존재입니다. 순수한 사람은 밝고 맑은 기운이 본인 모르게 주변에 전해지는 사람입니다. 원효는 그 순수한 사람의 전형이라고 할 수 있습니다.

여섯째, 원효는 세계를 분별심에서 보지 않고 "있는 그대로" 보려고 했습니다. 분별심은 차별심을 일으키고 결국은 분열과 갈등을 초래합니다.

이러한 세계에 대한 인식에서 그의 일심·일미(一味)·일각(一覺)·일승(一乘)에로의 회귀가 나오는 것입니다.

일곱 번째, 원효는 개인과 전체 간의 갈등을 통합함과 동시에 성과 속의 통일을 일생동안 추구하였습니다. 개인이 있어야 전체가 있고 전체가 존재해야 개인이 있습니다. 마찬가지로 속이 있어야 성이 있고 속없는 성은 존립할 수가 없습니다.

분열을 넘어 원효는 통합적 사고를 가지고 이의 실천을 위해 일생동안 애를 썼던 것입니다.

여덟 번째, 그는 '진정한 사랑'의 참된 의미와 그 실천을 보여주었습니다. 사랑은 원효가 강조하는 한 마음 즉 일심입니다. 그러나 일심은 그냥 하나로 완전히 합쳐진다는 단순한 의미가 아니라 일(一)과 다른 일(즉, 타자)이 조화롭게 하나가 되는 것을 말합니다.

이런 점에서 그의 **일심사상은 사랑의 완전한 표현체이자 구현체**입니다. 원효는 그의 주저인 『금강삼매경론』에서 "모든 존재가 모두 부처가 되어야 하는 것은 마치 모든 물줄기가 큰 바다로 흘러가지 않음이 없는 것과 같다."고 한 것이나 『열반경종요』에서 "여러 경전의 부분적인 면을 통합하여 온갖 물줄기를 일미의 진리바다로 돌아가게 하고"라고 말한 것은 그의 사랑에 근거한 통합의 정신을 표출한 것이라고 생각합니다. 여기서 그의 유명한 화쟁론(和諍論)이 도출되고 그의 정의론을 상정할 수 있습니다.

아홉 번째, 그는 쉼 없는 참으로 엄청난 정진을 일생동안 한 대각자(大覺者)이자 구도자였습니다. 그는 저서만 해도 대승·소승 막론하고 99부 240여권의 방대한 것이었습니다. 그는 분황사에서 『화엄경소』를 찬술하면서 제4 십회향품에 이르러

붓을 끊고 절필하였습니다. 이때가 686년 그의 나이 70세였습니다.

여기서 '회향'(回向)이란 대승불교의 근본지를 잘 설명하고 있는 용어입니다. 이에 대해 고영섭 교수는 다음과 같이 적절하게 표현하고 있습니다.

> 치열한 수행을 통한 깨달음의 경험을 얻기까지의 모든 인연들에게 자신의 성취를 되돌려주는 것이다. 즉 존재하는 모든 것은 실체가 없다는 연기·공(空)의 인식을 통해, 연(緣)이라는 타자를 매개하여 성취된 존재의 모든 인연을 그 타자에게 되돌려 주는 것이다.[4]

그는 '혈사'에서 입적하였는데 입멸하기 전 그는 동·서·남·북방과 상·하방을 향해 자신의 입멸을 다음과 같이 고했다고 합니다.

> 이 사바세상에 나왔던 세부는 오늘 이렇게 육방(六方)에 예를 올리고 떠납니다. 부디 이 한 물건이 본래부터 온 곳도 없으며 갈 곳도 없지만 이렇게 예 올립니다.[5]

---

4) 고영섭, 『원효 : 한국 사상의 새벽』(서울: 한길사, 1999), p.227.
5) 위의 책, p.255에서 재인용.

여기서 육방의 경우, 동방은 부모, 남방은 스승, 서방은 아내와 자식, 북방은 친구, 하방은 하인이나 고용인, 상방은 사문(沙門)을 말합니다. 원효의 입멸의 고함은 『육방예경』의 가르침을 그대로 따른 것으로 자신을 있게 한 모든 인연들에게 회향의 인사를 올렸던 것으로 자신과의 인연에 대해 감사의 예배를 올린 것이라고 할 수 있습니다. 원효는 모든 인연들에게 회향을 마친 뒤 조용히 숨을 거두었다고 합니다.[6)]

열 번째, 원효는 지행합일(知行合一)의 완성자·실천자로서의 삶을 살았다는 사실을 지적할 수 있습니다. 그는 무애가를 부르면서 전국의 방방곡곡을 돌아다니며 뭇생명들에 동체대비(同體大悲)의 마음으로 붓다의 위대한 정신과 사상을 교화했습니다.

2. 원효사상과 철학의 공부법

원효사상과 철학은 흔히 학자들이 매우 어렵다고 말들을 합니다. 그냥 책을 읽으면 무슨 말인지, 뜻인지 모르는 경우가 많고 혼돈이 생기는 경우가 무수합니다. 그래서 자기에 맞는 방법을 찾아 공부해야 합니다.

한 사상가와 철학자 그것도 다방면에 걸쳐 오랜 사유와 깊은

---

6) 위의 책, p.256.

학문적 성찰로 숱한 연구 업적과 결과물을 내놓은 경우 완전히 이해하기는 어렵습니다. 그래서 자기에 맞는 자기 연구분야에 알맞은 공부법·접근법이 필요하다고 생각합니다.

첫째, 원효의 깊고 폭넓은 사상에의 이해·연구를 위해서는 보다 넓은 학제적(學制的)인 연구의 토대가 필요합니다. 원효 공부를 제대로 하려면 철학은 기본이고 심리학, 정치학, 역사학, 정치철학, 사회학 등등에 대한 사전 학문적 기초·토대가 필요합니다.

둘째, 불교의 사상(붓다의 사상 포함)의 전반에 대한 이해가 필요합니다. 중관론이 무엇인지, 유식론이 무엇인지 이런 것을 모르면 원효의 책 내용을 이해하기 힘듭니다. 불교사상의 기본 용어·내용·사상적 흐름에 대한 이해가 필요합니다.

셋째, 철학적 기본 소양이 되어 있어야 합니다. 철학에 대한 공부 없이 원효의 제반 저술이나 서술내용·기술방법·논리적 구성 등은 이해하기 어렵습니다. 특히 논리학에 대한 이해도 필요합니다. 불교의 경우 형식논리학에 맞지 않는 내용이 제법 있습니다. 그래서 불교논리학에 대한 이해가 필요합니다.

넷째, 연구자의 기본인식이 무엇보다도 중요합니다. 보다 정확하게 말하자면 연구자가 순수해야 합니다. 인간에는 두 부류의 인간이 있다고 생각합니다. 맑은 인간과 탁한 인간입니다. 탁한 마음을 가진 이는 원효의 사상과 철학이 지닌 참된 의미를 이해하기 어렵고 제대로 분석도 안 됩니다. 원효사상과 철학을 이해할 수 있는 마음과 자세가 필요합니다.

다섯째, 원효는 역사학자가 아니라 철학자임을 분명히 인식하고 접근해야 합니다. 그의 언행을 철학적으로 분석·해석할 필요가 있습니다. 철학적 사유·해석은 그가 말한 부분을 보다 깊이 있게 사유하여 그가 말하고자 한 참된 뜻, 참된 의미가 무엇인지 나름대로 해석·분석하는 것입니다.

원효의 언행을 철학적으로 분석하려고 하면 철학의 본령에 대한 명확한 이해가 되어야 합니다. 철학의 본령은 한 마디로 무지(無知)의 지(知)입니다. 이에 대해서는 3부에서 원효의 사상을 공부할 때 보다 구체적으로 언급하도록 하겠습니다. 다시 말하면 철학의 본질과 본령에 대한 정확한 이해와 그에 대한 체화가 이루어지지 않으면 원효의 그 광대하고 무애한 사상과 철학을 제대로 분석하기 어렵다고 생각합니다.

여섯째, 주체의식을 가지고 원효사상과 철학을 공부해야 합니다. 즉 나는 원효가 아니고 원효는 내가 아니라는 사실을 분명히 명심해야 합니다. 어렵다, 두렵다는 생각을 가지고 원효를 접근하면 원효는 보이지 않습니다. 접근조차 어렵게 될 것입니다. 원효사상은 절대 진리가 아닙니다. 비판할 것은 비판해야 합니다. 나중에 공부한 후 원효사상의 한계에 대해 비판할 기회가 있었으면 합니다.

3. 원효사상의 지향점(바램)

원효사상은 그냥 멋대로 적시된 것이 아니라 분명한 목표와 원칙과 꿈을 가지고 이루어졌습니다. 항상 한 사상가나 철학자의 사상을 공부할 때 그 사상가가 그 사상을 내세운 이유는 무엇인가? 라는 점에 대해 생각해야 합니다. 그 사상가가 추구하는 궁극적인 바램은 무엇인가? 에 대한 의문을 가지고 사상과 철학을 공부해야 합니다.

첫째, 우선 그의 바램은 마음을 어떻게 정할 것인가? 라는 점을 지향하고 있습니다. 마음이라는 것은 고정되어 있지 않고 내면의 심리상태, 외부의 작용에 의해 시시각각으로 변화합니다. 원효는 여기에 더해 어떻게 하면 마음을 정할 것인가? 라는 화두를 던지고 그 해답을 구하고자 했습니다. 그는 "조용하나 항상 움직이는 모습을, 행동하되 언제나 고요한 덕을[7]" 행하면서 자신의 바램을 삶 전체에서 실천하였습니다.

둘째, 그의 바램은 대립과 갈등을 어떻게 치유할 것인가? 라는 점에 귀결되고 있습니다. 대립과 갈등을 조화하여 어떤 방식으로 대립과 갈등을 넘어 새로운 통합과 통합질서를 만들 것인가? 라는 것이 바로 원효가 일생동안 추구했던 사상적 바램이었다고 할 수 있습니다.

---

7) 원효, 『화엄경소』. "靜而恒動儀 動而常寂德"

셋째, 두 번째 바램과 연장선상에 있는 바램입니다만 대립과 갈등을 어떻게 하나로 귀일(歸一)시킬 것인가? 라는 점입니다. 그는 이 바램을 위해 자신의 사상을 정립하고 정립된 그 사상을 현실에서 실천하였습니다. 이 점에 대해서는 앞으로 구체적인 설명이 있을 것입니다.

넷째, 그는 정토적 이상향(국가)를 꿈꾸고 있었습니다. 그가 꿈꾸던 정토적 이상향은 부정함과 더러움이 없는 즐겁고 청정한 묘토(妙土)였습니다. 그의 정토적 이상향은 먼 미래에 있는 것이 아니라 자신이 몸담고 있는 신라의 그 현실에서 꽃피워져야 한다고 생각했습니다. 그의 무애행은 이러한 그의 정토적 이상향의 실현을 위한 실천행이라고 할 수 있습니다.

다섯째, 그의 사상적·철학적 바램은 모든 중생의 '성불'(成佛)에 있었습니다. 그는 중생과 부처는 둘이 아니고 진(眞)과 속(俗)은 둘이 아니라고 생각하였습니다. 이런 그의 인식에서 나오는 말이 바로 "중생이 곧 부처이다."는 말입니다.

4. 발심수행장에 나타난 원효의 수행법(마음 닦기)

발심수행장(發心修行章)은 원효가 저술한 책으로 706자의 4언 절구로 되어 있는데, 출가 수행자를 위한 책으로 널리 알려져 있습니다. 인간은 늘 불완전하기 때문에 고독하고 아파하고 고통을 숙명처럼 겪습니다. 그래서 인간은 자기만의 삶의 철학이 필요합니다. 멀쩡하게 보이는 사람도 그 이면을 파고 들어가 보면 너무나 서글픈 사연들이 있고 가슴 아픈 일들이 많이 있습니다.

종교를 믿는 신자들은 늘 자신의 고통과 아픔을 스님, 신부, 목사들에게 말합니다. 종교인들의 회고를 보면 신자들이 털어놓은 고충을 다 기억한다면 아마 정신착란증이 걸릴 것이라고 이구동성으로 말합니다. 그만큼 인간들의 고통과 아픔은 언설로 다 표현하기 어려울 정도입니다.

인간은 잠시 한눈을 팔면 나락으로 떨어질 수 있고 잠시 실수하면 일생 후회할 수 있는 일이 수없이 목전에 놓여져 있습니다. 고속도로를 운전해보면 정말 찰나와 같은 그 순간, 정신줄을 놓으면 바로 대형사고로 이어지게 됨을 알 수 있습니다. 인간의 삶 자체가 고속도로를 운전하는 운전자의 형국입니다.

그래서 인간은 늘 자신을 갈고 닦아야 합니다. 발심수행장에 적시된 내용은 너무 이상적이고 비현실적인 내용도 많지만 늘 현재의 자신에 고민하고 번민하는 우리들에게 큰 길잡이가 될 것으로 생각합니다. 자, 그럼 발심수행장에 나타난 원효의 수행법 즉 마음 닦기에 대해 알아보도록 하죠.[8)]

---

8) 여기서 사용한 발심수행자의 원순 스님의 번역본을 참조하였음을

첫째, 욕심을 버릴 때 마음이 편해지고 아름다운 세상을 경험할 수 있다는 것입니다. 욕심은 죽음과 망상으로 이끄는 원천입니다. 욕심은 모든 고통의 원천이자 원인입니다. 물론 인간이면 생존본능과 발전욕구를 가지고 있기 때문에 어찌 욕심이 없겠습니까만 욕심 자체에 휩싸이게 되면 인간은 그 욕심으로 인해 큰 화를 입게 되고 종국적으로 파멸의 상황에 이르게 될 것입니다. 이 점에 대해 원효는 누누이 말하고 있습니다.

> 모든 부처님 부처님께서
> 아름다운 세상을 활짝 펴 보이신 것은
> 오랜 세월 욕심을 버리고
> 뼈를 깎는 듯 고생을 하셨기 때문이요.[9]

위의 구절에서 원효는 아름다운 세상은 욕심을 버리고 자신이 바라는 바를 추구할 때 이루어지는 것임을 밝히고 있습니다. 욕심은 단 시일 내에 없앨 수 있는 것이 아닙니다. 그래서 붓다는 "오랜 세월" 욕심을 버리는 연습을 했다고 말하고 있습니다. 인류의 각인이자 성자인 붓다가 이럴진대 일반 보통사람의 경우 어떠하겠습니까?

밝혀둔다. 원순, 『초발심자경문 : 마음 닦는 이를 위하여』(서울: 도서출판 법공양, 2010).

9) 원효, 『발심수행장』. "夫諸佛諸佛 莊嚴寂滅宮 於多劫海 捨欲苦行"

모든 중생 중생들이
불에 타는 듯 온갖 고통 속에 윤회하는 것은
헤아릴 수 없이 많은 세월 속에서
헛된 욕심을 버리지 못했기 때문이다.10)

위의 중생들은 우리들을 말하는 것입니다. 집이 불에 탄다는 화택론은 『법화경』의 핵심적인 논리입니다. 법화경 비유품에 보면 "3계가 불안하기가 불타는 집과 같고, 모든 고통이 가득하여 무섭기 한이 없네." 라는 구절이 있습니다.

인간세에는 한량없는 고통이 있습니다. 그 고통의 근원은 욕심에 있습니다. 욕심에서 벗어나지 못하면 인간은 늘 고통의 심연 속에서 벗어날 수가 없을 것입니다. 족함을 알고 분수를 알 때 욕심에서 벗어날 수 있습니다.

이러한 원효의 가르침은 발심수행장 곳곳에 나타나고 있습니다.

막는 이 없는 하늘나라에
들어가는 사람들이 적은 것은
욕심과 성냄과 어리석음을
자신의 재물로 삼았기 때문이요

청하지 않은 험하고 나쁜 세상에
온갖 사람들이 많이 들어가는 것은

10) 원효, 『발심수행장』. "衆生衆生 輪廻火宅門 於無量世 貪慾不捨"

허망한 몸과 세속의 욕망을
헛된 마음의 보물로 삼았기 때문이다.[11]

죽은 사람이 가는 곳으로 천당(天堂)과 악도(惡道)가 있다고 원효는 말하고 있습니다. 욕심을 내는 이들은 악도로 가고 욕심을 내지 않는 이는 천당에 간다고 그는 말하고 있습니다. 이렇게 보면 욕심은 만악의 근원이자 죽음의 길임을 알 수 있습니다.

둘째, 자비심을 많이 베풀어야 한다고 그는 강조하고 있습니다. 자비심은 욕심과 반대어입니다. 욕심이 마구니의 영역이라면 자비심은 진리의 왕자입니다. 자비심을 가지고 베푸는 이는 자신의 것을 아낌없이 내주는 사람인 반면 욕심을 가진 이는 오직 자기만을 생각하고 타인에 대한 자비심은 생각하지 않는 사람입니다. 그래서 그는 자비심을 강조하고 있는 것입니다.

자비로운 마음으로 보시하는 사람은
큰 법의 왕자이다.[12]

보시는 반드시 자비심을 가지고 행해야 합니다. 그렇지 않은

11) 원효, 『발심수행장』. "無防天堂 少往至者 三毒煩惱 爲自家財 無誘惡道 多往入者 四蛇五慾 爲妄心寶"
12) 원효, 『발심수행장』. "慈悲布施 是法王子"

보시는 올바른 보시라고 할 수 없습니다. 이렇게 자비심에 의한 보시는 수행인으로 반드시 행해야 하는 것으로 원효는 생각하고 있습니다.

셋째, 원효는 행(行)해야 함을 강조하고 있습니다. 실천하지 못하는 생각과 관념은 무슨 의미가 있겠습니까? 충고나 조언을 아무리 해도 상대가 앞에서는 예, 예 해놓고 실천하지 않으면 아무런 의미가 없고 충고, 조언한다고 말한 이만 이상한 사람이 되고 마는 것입니다.

그리고 아무리 그럴듯한 생각과 훌륭한 사상도 실천하지 않을 때 무슨 의미가 있을까요? 이에 원효는 다음과 같이 말하고 있습니다.

> 남이 하지 못하는 어려운 수행을
> 해낼 수만 있다면
> 다른 사람에게 존중받는 것이
> 부처님과 같을 것이다.[13)]

말로만 하는 것은 누구나 할 수 있지만 말한 것을 행하는 것은 누구나 할 수 있는 것이 아닙니다. 더구나 남이 하지 못하는 일을 행하는 일은 타인으로부터 존경심을 불러일으키는 것입니다. 나라와 민족을 위한다는 것, 말로써는 할 수 있지만

---

13) 원효, 『발심수행장』. "難行能行 尊重如佛"

현실에서는 실천하기가 어려운 일입니다. 예를 들면 나라를 빼앗긴 일제강점기 독립투쟁을 하는 것은 말로써는 가능할지 모르지만 그 실천은 죽음을 전제하기 때문에 행하는 것은 아무나 할 수 있는 것이 아니기에 우리들은 독립운동가를 존경의 염으로 보는 것입니다.

넷째, 원효는 절제하고 자족할 것을 강조하고 있습니다. 먹는 것, 입는 것, 성욕 등 소위 본능이라고 규정짓는 것에 절제·자족 못하면 큰 화를 입게 될 것입니다. 절제의 미학이라는 말이 있듯이 늘 절제·자족할 줄 아는 이가 평정심을 가질 수 있습니다.

> 배가 고프면
> 나무 열매로 굶주린 창자를 위로할 것이요
> 목이 마르면
> 냇가에 흐르는 물로 갈증을 멈추리라.[14)]

배가 고플 때 나무 열매로, 목이 마르면 냇가에 흐르는 물로 족함을 알면 그만이라는 위의 구절은 절제와 자족을 강조하고 있는 내용입니다. 배가 고플 때, 갈증이 날 때 사람들은 절제심을 잃어버리고 정도 이상 대상물을 취할 가능성이 농후합니다. 이런 최악의 상황에서도 늘 자족할 줄 알고 자제심을 발휘

---

14) 원효, 『발심수행장』. "飢餐木果 慰其飢腸 渴飮流水 息其渴情"

할 수 있다면 최고의 수행이라고 할 수 있다고 생각합니다.

다섯째, 애욕을 버려야 합니다. 너무 사랑이 깊어지면 아무것도 할 수 없습니다. 사랑을 흔히들 칭송하지만 사랑하는 이가 생기게 되면 감정교환으로 인한 감정소모가 생각보다 엄청남을 경험해보면 알 수 있습니다. 사랑하는 사람(애인, 愛人)이 있을 경우 삶의 활력소를 주기도 하지만 심신이 피곤하고 생활의 리듬이 깨어지고 질서가 무너지는 경우가 많습니다.

이런 점에서 사랑은 공포입니다. 사랑은 기쁨의 극치를 가져다주지만 다른 한편으로 나에게 사랑은 너무 나를 태우기 때문에 죽음의 도상에 나를 던지게 합니다. 사랑은 나에게 환희의 극점을 형성하게 하지만 다른 한편으로 나 자신을 재로 만들게 합니다. 그래서 애욕의 그림자를 버릴 것을 원효는 역설하고 있는 것입니다.

이렇게 보면 남자와 여자 간에 거리의 철학이 필요합니다. 그런데 막상 사랑이 마음을 점령하면 그것이 잘 되지 않습니다. 이론적으로는 잘 알고 있는데 사랑은 무차별적으로 나를 공격하고 나를 불태우게 합니다. 애욕심을 버려라는 말은 사실 원효가 자신에게 스스로 하는 말일 것입니다. 형식으로는 출가수행자에게 하는 말이라고 했지만 실제로 원효 자신은 완전 애욕심을 버렸단 말입니까? 애욕심을 완전히 버리면 그것은 사람이라고 할 수 없지요. 단 늘 이 점을 생각하면서 절제심을 발휘하고 자신을 지키려는 생활의 태도가 필요할 뿐이죠.

> 도를 닦는 이가
> 여자를 그리워하면
> 착한 하늘신도 이들을 버리고 떠나느니라.15)

도와 여자는 왜 상반된다고 말하고 있을까요? 그것은 여성에 대한 차별심을 염두에 두고 한 말이 아니라 사랑의 부작용에 대해서 말하는 것입니다. 도를 닦음에 있어서 남자가 여자를 그리워하고 여자는 남자를 그리워하면 마음이 어지러워지고 상념이 생겨 제대로 된 도를 닦을 수 없다는 의미일 것입니다.

여섯째, 애착심을 버려야 합니다. 애착심은 대상물에 대해 집착을 하는 것을 말합니다. 집착하는 곳에는 그 어떤 사랑의 꽃을 피울 수 없습니다. 집착은 모든 것을 앗아갑니다. 집착은 사람으로 하여금 긴장감을 불러일으키고 관계를 수렁으로 몰게 합니다.

버릴 때 채울 수 있고 비울 때 클 수 있습니다. 자연 속에서 크는 대나무를 보면 속이 텅 비어 있는 것을 알 수 있습니다. 속이 꽉 차있다면 과연 대나무는 바람결에 흔들리면서 그렇게 클 수 있겠습니까?

---

15) 원효, 『발심수행장』. "道人戀色 善神捨離"

이러한 엄연한 사실을 사람들은 잘 실천하지 못합니다. 인간은 사랑을 소유로 알고 집착합니다. 버리는 마음이 필요한데 현실에서는 잘되지 않습니다. 참으로 냉철한 지성이 필요합니다.

다음에 다음으로 미루면서
그 다음이 끝이 없거늘
헛된 애착을
끊지 못하는구나.[16]

이번 일 이번 일만 하면서
이번 일로 끝나는 것이 아닌데
세상의 허튼 일을
저버리지 못하는구나.[17]

위의 글들을 보면 애착은 망상을 낳고 집착은 자신을 끝없는 구렁텅이로 몰아가는 근원임을 알 수 있습니다. 집착의 오랏줄을 놓지 못하는 이는 결국 그 집착으로 인해 자신을 망치게 될 것은 불문가지의 일입니다. 그런데도 우리들은 집착을 끊지 못하고 쓸데없고 허튼 일에 자신을 불태우고 있습니다. 이에 원효는 다음과 같이 말하고 있습니다.

---

16) 원효, 『발심수행장』. "第二無盡 不斷愛着"
17) 원효, 『발심수행장』. "此事無限 世事不捨"

세상일을 도모하는 것이
한도 끝도 없거늘
쓸데없이 도모하는 그 마음을
단숨에 끊지를 못하는구나.18)

일곱째, 삶의 무상(無常)함을 인식해야 합니다. 삶은 영원하지 않다는 절대 진리를 인식해야 합니다. 나와 여러분은 언젠가는 끝이 있습니다. 다 제자리로 돌아가야 합니다. 참 서글프지만 피하기 어려운 현실입니다. 이에 대해 원효는 다음과 같이 언급하고 있습니다.

시간은
끊임없이 흘러
금방
밤낮이 지나가고

하루하루가
끊임없이 바뀌어
빠르게
한 달 그믐이 지나가는구나.19)

오늘이 지나면 내일이 오고 내일이 지나면 새로운 하루는 어

---

18) 원효, 『발심수행장』. "彼謀無際 絶心不起"
19) 원효, 『발심수행장』. "時時移移 速經日夜 日日移移 速經月晦"

김없이 다가옵니다. 인간에게 있어서 시간은 삶을 풍요하게 하는 신념의 실천장이기도 하지만 생명의 소멸을 야기하는 계기를 제공하기도 합니다. 이러한 시간의 흐름은 삶의 무상함을 일깨워줍니다. 이에 대해 원효는 자신의 생각을 계속 밝히고 있습니다.

> 한 달 한 달이
> 끊임없이 바뀌어
> 홀연 일 년이 되고
>
> 한 해 한 해가
> 끊임없이 바뀌어
> 잠깐 사이
> 죽음의 문턱에 이르렀구나.[20]

자연은 무심의 원칙에 따라 그냥 시간의 제약 없이 흘러만 갑니다. 자연의 이치는 거침이 없고 그 어떤 걸림도 없습니다. 어떤 목적인지는 모르지만 그냥 흘러갑니다. 이에 삶은 자연 속에 묻혀서 자기 존재의 시간을 상실합니다. 인생이 긴 것같이 보이지만 찰라와 같은 순간에 불과함을 우리는 자연의 이법과 그에 의한 흐름을 통해 느낄 수 있습니다.

---

20) 원효, 『발심수행장』. “月月移移 忽來年至 年年移移 暫到死門”

이 몸은 반드시 그 끝이 있으리니
뒷날 받을 몸은 어찌하려는가.

이 일을 알고 있다면
우리의 공부가 어찌 급하고 급하지 않겠느냐.[21)]

사람은 자신이 영원히 산다고 착각하는 경우가 종종 있음을 알 수 있습니다. 그러나 인간을 포함해 생명을 지닌 모든 이 세상의 존재는 반드시 "끝"이 있음을 우리는 분명히 명심해야 합니다. 이러한 엄연한 사실을 잊고 지낸다면 우리의 삶 자체는 늘 미련과 집착으로 인해 고통의 늪 속에서 벗어나기 힘들 것입니다.

여덟 번째, 늘 성찰하는 자세가 필요합니다. 나란 존재는 늘 부족하고 고뇌가 일상화되어 있기 때문에 간단없는 자기성찰이 요청됩니다. 나를 성찰하지 못하면 결코 발전도 내일도 미래도 없습니다. 존재하는 것은 오직 파멸뿐입니다.

나 잘났다고 하는 인간치고 주변에 사람 모이고 제대로된 친구 한 사람 있는 것 못 보았습니다. 늘 하심(下心)으로 성찰하고 되새김질하는 자세가 필요합니다. 이에 대해 원효는 분명히 말하고 있습니다.

---

21) 원효, 『발심수행장』. "身心有終 後身何乎 莫速急乎 莫速急乎"

자신의 죄를
아직 벗지 못했다면
남의 죄를 어찌 풀어줄 수 있겠느냐.22)

자신은 온갖 죄에 사로잡혀있으면서 남에 대해 충고를 하고 조언을 하는 것은 맞지 않다고 생각합니다. 남의 죄를 해결하려고 하면 해결하고자 하는 주체는 분명 죄의식이 없어야 합니다. 내가 불투명하면서 남에게 투명을 요구하는 것은 이치에 맞지 않는 행동입니다.

아홉 번째, 순수해야 합니다. 순수함은 마음이 깨끗한 것이고 사심이 없는 것이고 타인을 볼 때 이해관계보다 "있는 그대로"를 보는 것입니다. 순수하지 못하면 결국 그 정체가 언젠가는 드러나 사람 사이의 갈등을 조장하고 음해와 모략질이 난무하게 됩니다.

수행자의 마음이 깨끗하면
모든 하늘이 찬탄하지만23)

순수함을 가질 때 세상이 제대로 보입니다. 사심을 가지고 사람과 일을 대하면 궁극적으로 그 마음이 드러나게 되어 있습니다. 타인을 대함에 있어서 순수함을 벗어나 이해관계에서 보

---

22) 원효, 『발심수행장』. "自罪未脫 他罪不贖"
23) 원효, 『발심수행장』. "行者心淨 諸天共讚"

게 되면 반드시 그 관계는 큰 우를 범하게 되어 있습니다. 사람이란 자체가 자기를 중심으로 세상을 보고 자신의 이해관계를 염두에 두지 않을 수 없으나 진정 수행자는 자기를 떠나 오직 전체의 이익을 위해 헌신합니다.

순수함은 일시에 갖은 억압을 받고 오해를 받고 하지만 종국적인 측면에서 보면 그 빛이 발하기 마련입니다. 그렇기 때문에 수행자는 반드시 순수함을 유지해야 합니다.

3강 원효의 교화법

원효는 자기만의 분명한 인식을 가지고 교화를 하였습니다. 원효는 진리를 구하고 아래로는 중생을 교화한다는 대승불교의 원리에 따라 붓다가 교설한 진리를 치열하게 체득한 후 민중 속으로 뛰어 들어가 진정한 보살행을 실행하였습니다.

그는 모든 중생들은 본성을 갖추고 있어 누구나 다 성불(成佛)할 수 있다고 분명히 생각하고 있었습니다. 그러나 그들이 미혹하여 삼계 육도에 윤회하기 때문에 고통을 받는다고[24] 원효는 생각하고 있었습니다. 그래서 그는 일심의 철학을 가지고 인간에 대한 분명한 이해를 무애를 통해 구현하고자 했습니다. 그는 진리에 대한 믿음으로 중생의 믿음을 일으키는 것(기신, 起信)이 필생의 바램이었습니다.

그러면 원효가 말하는 '믿음' (信)이란 과연 무엇을 말하는 것일까요? 그는 그의 대표적인 저술인『대승기신론소』에서 "생각이 끊긴 곳에서 깊은 믿음이 일어난다."는 유명한 말을 했습니다. 즉 믿음이란 '결정적으로 그렇다고 말함'을 가리키는 것으로 소위 이치가 실제로 있다는 것을 믿고, 닦아서 그

---

24) 고영섭, 앞의 책, pp.176-177.

렇게 될 수 있음을 믿고, 닦아서 그렇게 되었을 때, 무궁무진한 공덕이 있음을 믿는 것을 말합니다.[25] 그는 본체를 체득한 자는 "사변의 길이 끊긴다." 고[26] 말하고 있습니다.

다시 말하면 생각이 있는 곳에서는 깊은 믿음이 생길 수 없다는 말입니다. 이것은 너무나 당연한 말입니다. 믿음은 조건을 배제합니다. 믿으면 생각을 할 필요가 없습니다. 생각은 또 다른 생각을 낳고, 생각은 오해를 낳고, 생각은 망상으로 이어집니다. 그렇기 때문에 생각은 믿음의 파괴자이자 방해자입니다. 이 점을 원효는 분명히 인식하고 있었음을 알 수 있습니다.

과연 위의 말이 무엇인지 차근하게 한번 생각을 해보도록 하지요. 생각과 믿음은 배치된다는 것인데 이것이 구체적으로 무엇을 말합니까? 예를 들어 보겠습니다. 내가 어떤 이를 믿는다고 합시다. 믿는다는 것은 의리의 관념이 들어있고 무조건·무전제라는 개념이 들어 있는 것입니다. 내가 어떤 한 사람을 믿는다면 그의 말, 그의 행동에 다소 미비한 점이 있고 못마땅한 점이 있더라도 그것은 관계에 있어서 결정적인 것이 아닙니다.

믿음위에 관계가 있기에 관계상에서 발생하는 다소 미비한 점은 믿음의 바다에 씻어지고 말 것입니다. 관계 속에서 발생

---

25) 원효(저)·이기영(역), 『대승기신론소·별기』(서울: 삼성출판사, 1975), p.58. 信以決定謂爾之辭 所謂信理實有 信修可得 信修得時有無窮德.

26) 위의 책, p.53. 思義絶.

하는 사소한 일들은 결코 믿음에 용해되고 말 것입니다. 상대를 믿으면 그 어떤 외풍이나 외압에 흔들리지 않습니다. 상대에 대한 믿음이 강하면 그 어떤 모략질도, 이간질에도 동요하지 않습니다. 믿음은 이런 점에서 관계의 반석과 같은 존재입니다.

이러한 '믿음' 에 대해 원효는 다음과 같이 말하고 있습니다.

> 만일 사람들이 이 세 가지 믿음을 일으킨다면 능히 불법(佛法)에 들어가 모든 공덕을 낳을 수 있고, 모든 마(魔)에서 벗어나 무상(無上)의 도에 이르게 된다.27)

여기서 세 가지 믿음이란 조금 전 말씀드린 이치가 실제로 있음을 믿고, 닦아서 그렇게 될 수 있음을 믿고, 닦아서 그렇게 되었을 때 무궁무진한 공덕이 있음을 믿는다는 것을 말합니다. 믿음에 대해 원효는 화엄경의 게송을 인용하면서 자신의 생각을 증거하고 있습니다.

> 경의 게송(偈頌)은 이렇게 읊고 있다. "믿음은 진리의 근본 공덕의 어머니이며, 모든 선근(善根)을 증장시키네. 일체의 의혹을 소멸시키고, 더없는 진리를

---

27) 위의 책, p.59.

발현시키네. 믿음은 모든 악마의 경계에서 벗어나게 하고, 더없는 해탈의 진리를 보여주네. 모든 공덕은 파괴되지 않는 씨앗, 무상(無上)의 보리수를 싹틔워 키우네." 믿음은 이와 같이 무량한 공덕을 갖고 있으니, 이 논에 의하여 발심을 내게 되므로 기신이라고 하는 것이다.[28]

원효가 말한 대로 믿음은 "무량한 공덕을 갖고 있습니다." 그러하기에 믿음은 그 어떤 의혹도 의심도 상대에 대해 가지지 않습니다. 그래서 믿음은 무전제이고 무조건인 것입니다. 그는 불법(佛法)에 확고한 믿음으로 모든 의심을 떨치고 대중교화·민중구제에 모든 것을 바쳤습니다.

그가 만약 진리에의 일점의 의심과 의혹이 있었다면 그는 결코 그렇게 오랜 세월동안 민중교화에 헌신할 수 없었을 것입니다. 대상이나 사람에 의심을 가진 사람과 그렇지 않은 사람은 행동하는 것이 완전히 다릅니다. 의심을 버린 사람에게 대상이나 사람은 하나의 진실 자체이고 실체 자체입니다.

그 어떤 의혹도, 의심도, 불신도 없기에 누가 뭐래도 하나의 마음 즉 단심(丹心)을 가지게 됩니다. 관계를 이어가다보면 인간이기에 문제점이 드러나고, 이해하기 힘든 점이 일어나는 것은 너무나 당연합니다. 그러나 믿음은 그러한 모든 것을 불식

28) 위의 책, p.59.

하게 합니다. 생각으로 믿음의 상대를 가두지 않습니다. 믿음은 그래서 무상이고 무념입니다. 무상과 무념의 상태에서는 믿음이라는 존재가 늘 피어있습니다.

첫째, 그는 허위, 가식, 거짓, 계급의 굴레에서 벗어나 진솔한 마음으로 인간의 본연의 모습으로 대중에게 다가 갔습니다. 원효는 철저한 신분제사회(골품제)에서 삶을 유지하였는데, 이 신분제를 넘어 평등적 인간관을 그는 분명히 하고 있습니다.

원효가 몸담고 살았던 신라사회, 그 사회는 신분제 사회였습니다. 엄격한 골품제도에 의해 개인의 사회생활 전반이 제약받던 시대였습니다. 당시의 모든 사람들에게는 그 혈통의 높고 낮음에 따라서 온갖 특권과 제약이 가해지고 있었습니다. 그 제약은 정치적인 출세는 말할 것도 없고, 혼인, 가옥의 크기, 의복의 색깔, 우마차의 장식에 이르기까지 해당되었습니다.[29)]

신분제, 그것도 엄격한 신분제 하에서는 사회 구성원의 권리가 다르고 그 역할도 다르게 정해져있음은 너무나 당연합니다. 신분제 사회는 사회적 이동이 힘들고 사회적 신분이 고정화되어 있기 때문에 항상 질서가 강조되고 규칙이 강조될 수밖에

29) 김상현, 『역사로 읽는 원효』(서울: 고려원, 1994), p.125. 인용문의 경우 원문 그대로 하는 것이 원칙이지만 책 제목과 부합하게 강의식으로 수정하였음을 밝혀둡니다.

없는 엄격하면서 엄정한 사회분위기가 조성되게 됩니다.

신라의 신분제 하에서 가해진 제약들의 예를 들어보도록 하죠. 신분에 따라 거처할 수 있는 방의 크기도 규정되어 있었습니다. 진골은 24자를, 6두품은 21자를, 5두품은 18자를, 4두품에서 일반 백성에 이르기까지는 15자를 각각 넘지 못하도록 규정하고 있었습니다. 정치적 진출에 대한 규정을 보도록 하죠. 신라에는 17등급의 관등이 있었는데, 진골의 경우는 최고의 관등까지, 6두품은 6등인 아찬까지, 5두품은 10등인 대나마까지, 4두품은 12등급인 대사까지 오를 수 있었습니다. 물론 일반 백성은 가장 낮은 관등도 허락되지 않았습니다. 평민 아래에는 노비 등 하층민이 있었습니다.[30]

원효의 생애, 사상을 제대로 이해하려면 신라의 골품제도에 대한 보다 폭넓은 이해가 필요합니다. 이에 대해 저의 저서를 통해 한번 살펴보도록 하겠습니다. 저의 저서의 내용을 좀 길게 인용해보도록 하겠습니다.[31]

> 신라는 골품제사회였다. 신라가 고대국가로 성장하여 가면서 성립된 골품제도는 중앙의 왕족에서 말단 귀족에 이르기까지의 골품 즉 혈통의 존비(尊卑)

---

30) 위의 책, p.125.
31) 정경환, 『한국정치사상사 : 고대에서 현대까지』(부산: 도서출판 이경, 2014), pp.154-156.

에 따라 결정되는 신분제도로서 3국 중에서 신라에서만 볼 수 있는 독특한 제도였다.[32] 골품제는 일종의 신분제도로 당시의 시대상을 반영한 것이다. 즉, 골품제는 통일신라 이후의 혼란을 흡수하고 왕권을 강화할 목적으로 통일 이전보다도 더욱 더 확산되었다. 삼국통일과정에서 당을 축출하는 작업은, 내부적으로 고구려・백제유민을 포섭하고 일부 친당(親唐) 세력을 도태시켜 중앙집권을 강화함으로써, 전제왕권을 정점으로 전국을 일원적인 지배체제 아래 두는 작업과 병행해서[33] 골품제는 통일신라의 지배적 통치질서의 하나로 구축되었다. 이렇게 보면 골품제란 신라사회에서 왕위 계승권자를 결정하는 기준이자 지배 세력의 사회・정치적 지위를 결정하는 근거였다.[34] 신라인들은 골품제를 통해 왕권의 강화와 신성한 왕위계승을 지속했다. 골품제는 단순히 왕권만의 강화만을 위한 목적이 아니라 왕권의 강화를 통해 통일신라라는 국가체제를 수호하고자 하였다. 격변과 격동의 사회에서 그 어떤 외부의 변화작용에도 변하지 않는 믿을 수 있는 존재는 혈연을 기초로 한 골품제만이 왕권과 국가를 지켜줄 것으로 통일신라의 지배층은 확신하고 있었다. 이러한 의도를 지니고 있는 골품제는 왕실과 혈연관계를 중심으로 하는

32) 허만성, 『한국사의 이해』(대구: 형설출판사, 1995), p.83.
33) 송기호, "제3장 신라 중대사회와 발해," 한국사특강편찬위원회(편), 『한국사특강』(서울: 서울대학교출판부, 1997),p.70.
34) 이종욱, 『화랑 : 이종욱 교수의 테마 한국사 읽기』(서울: 휴머니스트, 2003), p.64.

골제로서 성골, 진골이 있었으며, 두품으로는 6, 5, 4 두품이 있었는데, 이들은 왕족이 아닌 중앙의 통치 세력을 표현한 것으로 이해할 수 있다.[35] 이를 좀 구체적으로 설명하면 이 골품제도는 신분에 따라 복색은 물론 가옥의 크기까지 그 신분에 따라 달리 하도록 하였는데 이 제도는 대체로 법흥왕 때 완성되었고 진덕여왕 때까지 존속된 최고 신분인 성골은 부모 모두가 왕족으로서 남계(男系)는 김씨, 여계(女系)는 박씨 계통의 왕족이었으며 그 다음 진골은 부모 어느 한편만이 왕족인 경우로서 무열왕 이후부터는 진골왕위가 계승되었다. 그 아래 일반 귀족층으로 6두품, 5두품, 4두품이 있었고 3·2·1두품은 평민층으로서 하부 계층을 이루었다.[36] 골품제는 통일신라의 체제를 지키는 하나의 정신으로 승화되어 골품정신으로 당시의 신라인들의 정신세계를 지배하고 있었다. 골품제는 신라의 정치·사회·문화를 규율하던 제도였다.[37] 그래서 신라인들은 심지어 색공(色供)이라는 제도까지 도입하여 골품을 지키려고 했고 왕권의 강화를 도모했다. 이러한 골품제를 통한 국가와 왕권의 수호의식은 자연스럽게 골품정신으로 귀결되어 철저한 신분제적 계층화를 통해 사회를 위계질서화하고 왕권에 대한 카리스마를 끊임없

35) 진덕규, 『한국정치의 역사적 기원』(서울: 지식산업사, 2002), p.202.
36) 허만성, 앞의 책, p.83.
37) 골품제의 특성, 편성원리, 골품신분, 골품제의 운용 및 변동 등에 대해서는 이종욱, 『신라의 역사 1』(서울: 김영사, 2002), pp.282-301 참조.

이 강화했다고 하겠다.

이러한 신분제 사회에서 원효는 계급과 신분을 넘어 서서 평등의 가치를 내걸었습니다.

> **여래법신과 여래불성은 일체 중생이 평등하게 소유한 것**으로써 능히 일체를 운전하여 함께 본원(本源)으로 돌아간다.[38)]

위의 구절에 원효의 인간에 대한 생각이 그대로 들어 있습니다. 원효는 인간에 대한 차별을 온몸으로 거부하고 있습니다. 모든 인간이 여래법신과 여래불성을 가지고 있다고 하는 것은 바로 붓다의 인간관을 그대로 따르고 있는 것입니다.

붓다는 "나는 너희를 가볍게 여기지 않는다. 너희들은 모두 장차 부처가 되리라" 고[39)] 설파하고, "일체 중생은 모두 불성을 지니고 있다." 고[40)] 역시 설파하고 있는 것은 바로 붓다의 평등적 인간관을 반영하고 있는 것입니다.

이러한 인간평등적 인식으로 인해 원효는 붓다의 교설을 굳

38) 원효, '법화종요', 한국불교전서편찬위원회(편), 『한국불교전서』, 제1책(동국대학교 출판부, 1979), p.488. 如來法身如來藏性 一切衆生平等所有能運一切同歸本源(진한 글씨는 필자가 강조한 글).

39) 『법화경』.

40) 『열반경』.

게 믿고 거침없는 태도로 민중에게 다가서서 교화하였습니다. 이런 점에서 볼 때 그의 교화론을 제대로 이해하려면 그의 인간에 대한 생각을 정확히 알아야 함을 알 수 있습니다. 그의 인간관은 그의 사상과 철학 그리고 실천행의 모든 것을 이해하는 하나의 창이자 통로입니다.

그는 호리병 하나를 들고 전국의 촌락과 저잣거리를 다니면서 노래 부르고 춤추며 거침없는 자세로 사람들과 만나고 호탕한 웃음과 호방한 말투로 사람의 마음을 움직였습니다. 이에 대해 고영섭 교수는 다음과 같이 설명하고 있습니다.

> 광대나 백정, 기생이나 시정 잡배들과 어울림. 깊은 산골의 밭매는 노인이나 몽매한 사람들과의 어우러진 삶은 살아 있는 생명체에 대해 무한한 애정을 몸서리치게 느끼는 계기가 되었다. 방방곡곡을 떠돌며 춤추고 노래하면서 만난 무수한 대중을 불법으로 교화하는 동안 거리의 아이들이나 부인네들까지도 그를 모르는 사람이 없었다.[41]

이러한 원효의 모습에서 그의 진솔한 인간미를 느낄 수 있고 거짓과 위선에 가득 찬 당시의 귀족사회의 이중적 행각에 일대 경종을 울려주는 것으로 계급제 하의 귀족과 일반 민중 그리고

---

41) 고영섭, 앞의 책, pp.152-153.

천민을 하나로 엮는 계기를 조성하였다고 해도 결코 과언이 아닙니다. 원효의 모습을 전하고 있는 『삼국유사』에 기술된 장면을 인용해보면 다음과 같습니다.

> 일찍이 원효는 이것(필자주 : 무애박)을 지니고 수많은 부락을 돌아다니면서 노래하고 춤을 추며 교화시키고 읊다가 돌아왔다. 그래서 뽕나무 농사 짓는 늙은이와 옹기장이나 무지몽매한 무리에게도 모두 불타의 이름을 알고 나무아미타불을 부르게 하였으니, 원효의 교화가 컸다고 할 수 있구나.[42]

둘째, 그는 사적인·사특한·이기적 마음과 자세에서 벗어나 순수함으로 민중과 고락을 함께 하였습니다. 순수하다는 것은 어린 아이의 마음을 갖고 있는 것입니다. 인간에는 순수한(맑은) 사람과 탁한 사람이 있습니다. 탁한 마음에서 벗어나 밝고 맑은 마음과 자세를 가지고 있는 것이 바로 순수함입니다.

상대에 대한 일체의 경계심 버리고 그냥 있는 그대로를 보여주고 상대를 온전히 믿는 것이 바로 순수함입니다.

> 여래장은 선과 불선의 동시적 원인이 되며, 능히 모든 형태의 존재를 만든다. 마치 어린아이가 여러 형태의 길로 성장될 수 있음과 같다.[43]

---

42) 일연(지음)·김원중(옮김), 앞의 책, pp.459-460.

여기서 여래장을 어린아이의 모습으로 생각하고 있음을 알 수 있습니다. 어린아이는 상대에 대해 이런 저런 "전략적" 생각을 가지고 대하지 않습니다. 그냥 있는 그대로의 모습을 보고 대합니다. 한 마디로 사심을 가지고 있지 않다는 것입니다. 순수함은 한 마디로 하면 바로 사심을 지니지 않고 있다는 것을 말합니다.

그는 진리탐구의 제1덕목으로 사(私)의 없음 즉 무사(無私)를 주장하고 있습니다. 사심을 가지고 일을 추구하는 사람과 그렇지 않은 사람 간에는 천차만별의 차이가 있습니다.

일을 함에 있어서 '나'(자아)가 개입되면 대사를 그르칠 수 있습니다. 진리·도의 차원에서 일을 보게 되면 일시적으로는 소외되고 손해 보는 것처럼 보이지만 사심 없이 일을 처리하면 궁극적으로 큰일을 이루게 됩니다.

원효는 자신의 주저인 『대승기신론소·별기』에서 다음과 같이 대승 즉 도·진리에 대해 말하고 있습니다.

> 대승의 본체는 광활한 것이다. 그것은 태허(太虛)와 같아 사(私)가 없다. 그것은 넓고 크니 마치 거대한 바다와 같아 지극히 공평하다. 지극히 공평하기 때문에 동(動)과 정(靜)이 서로 따라 이루어져 있다. 사(私)가 없기 때문에 더러움(染)과 깨끗함(淨)이 함

43) 원효(저)·이기영(역), 앞의 책, p.77.

께 용화되어 있다.[44]

여기서 사가 없다(무사, 無私)는 것은 바로 순수하다는 것을 뜻한다고 할 수 있습니다. 이러한 생각을 가지고 있으니 원효는 아무 걸림이 없이 자유자재로 행동할 수 있는 것입니다. 걸림이 있다면 어떻게 그렇게 자유분방하게 행동할 수 있었겠습니까?

소탈한 인간 본연의 모습에서 사람을 만나고 사람을 챙기고 사람에게 마음을 주고 사람을 배려하니 그에게 큰 영향을 받고 감응을 받는 것입니다. 『송고승전』에 기록된 원효의 자유인·무애인으로서의 모습을 보도록 합시다.

> 그의 발언은 미친 듯 난폭하고, 예의에 어긋났으며, 행동은 상식의 선을 넘었다. 그는 거사와 함께 주막이나 기생집에도 들어가고 지공(誌公)과 같이 금빛 칼과 쇠지팡이를 가지기도 했으며, 혹은 주석서를 써서 《화엄경》을 강의하기도 하고, 혹은 사당에서 거문고를 타면서 즐기고, 혹은 여염집에서 유숙하기도 하고, 혹은 산수에서 좌선하는 등 계기를 따라 마음대로 하여 일정한 규범이 없었다.[45]

---

44) 위의 책, p.53.
45) 『송고승전』 권 4, 김상현, 앞의 책에서 재인용.

너무 질서를 강조하는 사람은 반듯한 것처럼 보이기도 하지만 다른 한편으로는 답답해 보일 수도 있습니다. 자연 속의 나를 생각해보시죠. 자연은 우리가 잘 모르는 그 어떤 힘에 의해 질서 있게 움직이고 있지만 또 다른 편으로 보면 질서 속의 정말 무질서한 모습들 즉, 보통 자연스럽다고 할 정도로 인위적인 면과 다른 그 무엇을 느끼게 됩니다.

원효가 "계기에 따라 마음대로" 한다고 했는데 이는 원효가 자기의 생각도 없이, 원칙도 없이 마음대로 한다는 것이 아닙니다. 기존의 숨 막힐 것 같은 질서체제, 위선과 가식으로 젠체하는 기존의 구질서에 이탈하여 인간본연의 모습대로 살아야 한다는 원효의 의지의 표현이라고 할 수 있습니다. "일정한 규범이 없었다."는 표현이 바로 이러한 원효의 행동상을 그대로 반영하고 있다고 생각합니다.

셋째, 원효는 나에 대한 성찰·제도를 우선하고 민중을 교화한다는 자기만의 교화법에 의해 교화를 실천했습니다. 내가 바로 서지 않으면 세상을 바로 세울 수 없습니다. 내가 흔들리면 세상에 제대로 나아갈 수 없습니다. 내가 '언행'(言行)에서 확고한 바탕을 이루어야만 세상과 호흡할 수 있습니다.

그래서 원효는 『발심수행장』에서 다음과 같이 말하고 있습니다.

자신의 죄를 아직 벗지 못했다면 남의 죄를 어찌 풀어줄 수 있겠느냐.[46)]

곧게 마음을 정하여 이치에 합당하게 하고 자기를 제도하고 다른 사람을 구제하여 무상의 도에 이르도록 하는 것을 뜻을 바르게 한다고 이름한 것이다.[47)]

자신에 대한 철저한 구도적 자세와 제도로 자신을 바로 세우고 이를 근거로 하여 그는 민중을 교화하는 "발심에 의한 수행 그리고 교화의 방법" 을 실현하였습니다. 그가 "연꽃은 진흙물을 떠나지 않으면서도 원만히 향기롭고 조촐하여 온갖 아름다움을 두루 갖추고 있다." 고[48)] 한 것에서 그가 얼마만큼 구도자적 자세를 견지하면서 중생구제에 임하였는지를 알 수 있습니다.

의천(1055-1101)이 <제분향사효성문>에서 원효를 일컬어 "티끌과 어울렸으나 그 진심을 더럽히지 않았고, 빛을 섞었으나 그 본체는 변하지 않았다." 고[49)] 한 것은 그의 교화에 임하는 기본자세를 잘 설명하고 있습니다.

그는 불법에 대한 굳은 신뢰체계로써 그 어떤 의심을 지니지

---

46) 원효, 『발심수행장』, p.89. 自罪未脫 他罪不贖.
47) 원효, 『대승기신론소』.
48) 원효, 『법화경종요』.
49) 『대각국사문집』 권15. '제분황사효성문'(이것은 경주 분황사에 모셔진 원효의 상에 의천이 엎드려 바친 제문).

않고 민중교화에 자신의 모든 것을 바쳤습니다. 그가 "의심을 제거해야만 큰 마음을 발하게 된다."고[50] 한 것은 결코 우연이 아닙니다. 자신의 존재성을 밝히는 근본에 대해 의심을 하면 그 어떤 생산적인 결과물을 도출하기 어렵게 됩니다.

그가 진리를 추구하는 사람이 경계해야 할 점에 대해 "첫째는 법을 의심하는 것과 교문(敎門)을 의심하는 것"을[51] 지적한 것 역시 그의 투철한 불법에 대한 신념에 기인하는 것입니다. 이러한 그의 인식에서 바로 일심의 사상이 도출된 것입니다. 나중에 일심에 대해 보다 구체적으로 설명하겠습니다만 일심은 경계심, 의혹심을 넘어 만물의 하나됨을 나타내는 것입니다.

물론 일심의 하나됨은 단순히 양극단을 포섭한 하나됨을 뜻하는 것이 아니라 우주본체의 원래의 모습으로서의 하나됨을 뜻합니다. 이에 대해 원효는 "무릇 일심의 원천은 유·무를 떠나서 홀로 청정하며, 삼공(三空)의 바다는 진·속을 융화하여 담연(湛然)하도다. 담연하므로 둘을 융화하였으나 하나가 아니요, 홀로 청정하므로 양극을 영의였으나 중간도 아니로다."

---

50) 원효(저)·은정희(역주), 『대승기신론소·별기』(서울: 一志社, 2006), p.57. 如是遣疑 得發大心也.

51) 위의 책, p.56. 법을 의심하는 것은 발심에 장애가 되며 교문을 의심하는 것은 수행에 장애가 된다고 원효는 말하고 있다. 위의 책, p.56.

고[52] 말하고 있는 것입니다.

이러한 일심의 경지에 이르는데 있어서 가장 중요한 것은 의심을 떨쳐버리는 것입니다. 무엇에 대한 의심인가? 조금 전 언급한 것처럼 진리와 교설에 대한 의심입니다.

이에 대해 원효는 다음과 같이 말하고 있습니다.

> 중생들이 오랫동안 생사의 바다에 침몰하여 열반의 언덕에로 향하지 못하고 있는 것은 의혹과 잘못된 집착 때문이다. 지금 중생을 교화하는 것의 요건은 그들로 하여금 의혹을 제거하고 사집을 없애 버리게 하는 것이다.[53]

그가 의혹과 집착을 불도를 이루는데 가장 큰 장애물로 생각하는 것은 너무나 당연합니다. 그는 그의 주저 중 하나인 『금강삼매경론』에서 '금강'을 해석하고 있는데, 금강이란 "단단함을 체성으로 삼고, 꿰뚫고 깨뜨림을 공능으로 삼는다."고[54] 말하고 있습니다. 여기서 "깨뜨리고 뚫는 것으로 공능을 삼는다."는 구절은 두가지 뜻이 있는 것으로 원효는 설명하고 있습니

52) 원효(저)·이기영(역), 『금강삼매경론』(서울: 삼성출판사, 1975), p.162.
53) 원효(저)·이기영(역), 『대승기신론소·별기』, p.65.
54) 원효(저)·은정희(역주), 『금강삼매경론』(서울: 일지사, 2007), p.43.

다. 즉 첫째는 모든 의혹을 깨뜨리는 것이고, 둘째는 모든 선정을 뚫는 것입니다.[55] 모든 의혹을 깨뜨린다는 것은 바로 "의심을 끊는다" 는 것을 말합니다.

의심이 있는 곳에는 믿음이 설 수 없고, 의심이 있는 곳에 진리는 설 수 없고, 의심이 있는 곳에 진정한 관계는 있을 수 없고, 의심이 있는 곳에 그 어떤 불법의 교화는 성립할 수 없습니다. 이런 점을 원효는 분명히 인식하고 무념과 무상의 철리에 따른 교화법을 제시하고 있는 것입니다.

55) 위의 책, p.44.

4강 원효의 수행·공부법

원효가 한국의 대표적인 철학자·사상가로서의 위상을 정립함에 있어서 우리가 먼저 생각해야 할 점은 그는 어떤 방법(method)으로 수행하고 공부했는가? 라는 점입니다.

그가 한국의 철학자 중 가장 방대한 양의 저술들을 수백권이나 출간한 것은 결코 우연이 아닙니다. 남다른 공부법·수행법이 있을 것으로 생각합니다. 모든 일의 추진에는 그에 상응하는 방법론(methodology)이 있습니다.

원효의 공부법을 우리가 제대로 안다면 우리의 학문을 세우는데 큰 도움 내지 길잡이가 될 것으로 확신합니다. 물론 그의 공부법이 전적으로 옳다는 것은 결코 아닙니다. 취사선택해서 우리에게 도움이 되는 바를 추출해 보도록 합시다.

첫째, 그는 그 어느 누구보다도 분명한 삶의 철학 하에 '부지런한 생활태도'로 일관하였다는 점을 지적할 수 있습니다. 그가 한국 역사상 일찍이 유례없는 방대한 저술과 실천행을 이룰 수 있었던 것은 그의 성실한 생활태도에 있습니다.

늘 그는 분명한 삶의 목표와 철학 하에서 공부하고 행동하였습니다. 그가 거침없이 사람을 대하고 속복을 입고 머리를 기르고 술을 먹고 닥치는 대로 사람과 접한다고 해서 무작정 행동한 것은 결코 아닙니다. 그의 삶에는 그의 분명한 철학과 사상이 깊이 배여 있습니다. 어떻게 보면 그는 철저한 "자기철학의 구현자" 라고 해도 결코 과언이 아닙니다.

그는 "중생과 불성은 같은 것이 아니지만 또한 다른 것도 아니다." 라는[56] 확고부동한 인식 하에 붓다의 철학을 자기 내면화하여 민중 교화에 최선을 다한 지행합일의 인물이었습니다. 그의 지행합일적인 사상이 담긴 글을 소개하면 다음과 같습니다.

> 위로 불도를 넓히고, 아래로 중생을 교화하는 것,
> 이를 이름하여 공덕업이라고 한다.[57]

> 내행이란 관에 들어가 고요히 비춰 보는 행이요,
> 외행이란 관에서 나와 세간을 교화하는 행이다.
> 나오거나 들어가거나 중도를 잃지 않기에 둘이 아니라고 한다.[58]

이처럼 "불도에 의한 중생교화" 라는 그의 삶의 목표를 현실화하기 위해 그는 불철주야 노력하고 또 노력하였음을 알 수

---

56) 원효, 『금강삼매경론』. 衆生如佛性 不一亦不異.
57) 원효, 『본업경소』. 上弘佛道 下化衆生 所以通名 爲功德業.
58) 원효, 『금강삼매경론』 . "內行者 入觀寂照行 外行者 出觀化物行 若出若入 不失中道 故言不二.

있습니다.

그가 “불퇴를 얻지 못하면, 실로 보살이 아니다.” 라고 한 것은 그의 지행합일적인 행태를 보여주고 있는 바라고 할 수 있습니다.

그가 『대승기신론소』에서 “모든 선한 일에 있어서 마음이 해이함으로 물러남이 없이 뜻을 세워 비겁하거나 나약함이 없어야 한다.” 고 한 것이나 “많은 장애가 있기에 더욱 용맹 정진하여야 한다.” 고 한 것도 그의 분명한 철학에 의한 불퇴전의 삶의 행태를 보여주고 있는 것이라고 할 수 있습니다.

둘째, 그는 늘 성찰하고 반성하면서 자기를 단련시키고 자신을 깨우쳤다는 사실입니다. 이러한 그의 자세는 구도자로서의 면모를 보여주는 것으로 너무나 당연한 공부법이라고 할 수 있습니다.

그는 『본업경소』에서 참회하고 성찰해야 함을 강조하고 있습니다.

> 현성들이 사용하는 덕행은 많지만 일곱 가지로 성재(聖財)로 삼는다. 믿음으로 여러 덕의 기틀을 삼고, 보시로 배의 이익을 내며 계로 능히 재난을 제거하고, 들음으로 능히 모든 진귀한 것을 채집하여, 참회로 선을 승상 증장시키며 부끄러움으로 악을 막아 멀리 여의고, 지혜로 능히 육재를 거느리고 이끌어 증진시키며 육입으로 성현들이 풍요하게 되는 것이

다.[59]

그리고 그는 『대승기신론소』에서 오회(五悔, 예배, 권청, 참회, 수희, 회향)를 강조하고 있는데 그 내용은 다음과 같습니다.

> 밤낮으로 제불에게 예배하고, 성심으로 참회하고, 권청(勸請), 수희(隨喜), 보리(菩提), 회향(廻向)하기로 항상 쉬지 않는다면, 모든 장애로부터 벗어나고 선근이 더욱 자랄 것이다.[60]

그는 참회의 방법, 성찰의 방편으로 늘 '기도'의 방식을 사용하였습니다. 그는 기도를 통해 자신을 발견하고 기도를 통해 자신과 대화하고 자신의 신념을 다져 나갔습니다. 이런 점에서 기도는 자신과 대상, 자신과 자연 및 자신과 초월적 질서와 하나가 되게 해줍니다. 기도를 하면 그동안 미처 느끼지 못했던 혹은 생각하지 못했던 점들이 뭉개구름처럼 피어오름을 느끼게 됩니다.

이런 점에서 기도는 일상의 예기치 않은 일들로 인한 마음의 동요와 번뇌를 막아주는 계기가 됩니다. 여기서 번뇌란 유정의 마음에 괴로움, 혼란, 번잡, 미혹, 염오 등의 정신 작용을 일

59) 원효, 『본업경소』.
60) 원효, 『대승기신론소』.

으키게 하는 것을 총칭합니다. 인간은 의식적이든 무의식적이든 아욕(我慾), 아집(我執)의 목적에 도달하기 위해 항상 고락의 경계에 빠져서 번뇌의 속박을 불러옵니다. 갖가지 마음의 작용 가운데 깨달음이 불교 최고의 목적이니, 이 깨달음의 실현을 방해하는 일체의 정신 작용을 모두 번뇌라고 할 수 있습니다.[61]

원효는 이러한 마음의 동요와 번뇌를 떨치는 하나의 방편으로 기도를 강조하고 있습니다. 기도에 대해 그는 다음과 같이 『금강삼매경론』에서 언급하고 있습니다.

> 주(呪)는 기도다. 세속의 신주(神呪)에도 큰 위력이 있어서 주문을 외우면서 신에게 기도하면 복을 불러오지 아니함이 없고, 화를 물리치지 아니함이 없다. 마하반야바라밀도 이와 같아서 네 가지 덕을 갖추고 크나큰 신공(神功)이 있다. 안으로는 구비하지 아니한 덕이 없고 밖으로는 떠나지 못한 화가 없다. 만약 지성스러운 마음으로 이 명구를 외우면서 모든 부처님과 보살, 그리고 신인에게 우러러 기도한다면, 구하고 원하는 바를 따라 이루어지지 않은 이 없다. 이러한 뜻으로 주(呪)라고 하는 것이다.

셋째, 그는 늘 배움의 자세로 스승에게 묻고 같은 도반들에

---

61) 원효(저)·은정희(역주), 앞의 책, p.49.

게 묻기를 주저하지 않고 항상 토론하고 토의하였습니다. 한 사람이 체득한 지식은 한계가 있습니다. 아무리 천재적인 두뇌를 가진 이라고 해도 한 인간의 지적인 능력에는 한계점이 있습니다.

그렇기 때문에 배움에 도상에 있는 이들이나, 배우고자 하는 이들은 반드시 주변 사람들과 대화하고 토론하는 과정이 필요합니다. 어떤 관심사나 연구주제에 대해 한 개인이 아무리 골똘히 생각하여 그에 대한 해답을 구했다고 스스로 생각하여도 모든 사람들의 생각을 다 포용할 수는 없는 것입니다.

아무리 뛰어난 각자라도 이 세상의 현상들을 다 완벽하게 설명할 수는 없습니다. 그래서 선철들은 자신의 부족함을 알기에 늘 주변인들에게 묻고 또 물었던 것입니다. 구도자는 스승과 주변인과의 관계를 통해 자신의 부족함을 채우고 끊임없이 배우는 자세를 견지해야 합니다.

이에 대해 『역사로 읽는 원효』란 책을 저술한 김상현 교수는 다음과 같이 말하고 있습니다.

> 구도의 길을 가는 사람은 지혜롭고도 맑은 눈을 가져야 한다. 그러나 스스로 지혜의 눈을 뜨기란 어려운 법. 이 때문에 구도자는 스승을 찾게 된다. 눈 속의 먼지를 닦아 줄 이는 스승이기 때문이다. 스승과 제자, 가르침과 배움, 이를 통해 진리는 전승되고

더 넓게 퍼진다.[62]

원효는 낭지, 보덕, 혜공 수님으로부터 직접 사사받고 많은 가르침을 받은 것으로 알려지고 있습니다. 그리고 의상 등 많은 도반들과 제자(9명)들이 있어 믿음으로 늘 토론하고 학문을 함께 했습니다.

그의 물음의 태도, 이것이 그의 학문의 정수입니다.

그의 문답의 태도, 이것이 그의 학문의 토대입니다.

그의 토의의 태도, 이것이 그의 학문의 기초입니다.

묻는다는 것은 늘 탐구한다는 것입니다. 의문이 들지 않는 것은 자기 교만에 빠져 있거나 우둔한 것외에 아무 것도 아닙니다. 그래서 원효는 어떤 문제가 있으면 스승과 도반들에게 묻고 또 물어 자신의 논리를 정해갔던 것입니다.

그는 타인의 주장이나 견해에 겸허하게 귀를 기울였습니다. 원효는 의상으로부터도 화엄학에 나타나는 여러 의문점들을 배우고 수용하였습니다.[63] 그는 늘 새로운 불교학을 비롯하여 타학문에도 수용성을 가지고 있었습니다.

넷째, 그는 보다 개방적인 열린 의식을 가지고 바다와 같은 폭넓은 수용성의 자세를 취하였습니다. 용렬함으로 자기 세계

---

62) 김상현, 앞의 책, p.59.
63) 위의 책, p.179.

에 갇혀 있는 이는 편협한 인식과 논리에 파묻혀 있는 자입니다. 수용성·개방성은 열린 의식과 태도를 지칭하는데 원효는 그 어느 누구보다도 열린 의식과 태도의 소유자였습니다.

그는 비판에도 가열차게 전개하였지만 좋은 이론과 의문난점에 대해서는 늘 묻고 수용하였습니다. 그가 비판의 입을 열 때면, 그 목청은 높았습니다.[64] 예를 들면 중국 천태의 교판에 대한 그의 비판은 혹독하였습니다.

> 천태 지자대사는 선(禪)과 혜(慧)에 두루 통하여 온 세상이 소중히 여기고 범부와 성인이 헤아리기 어려운 스님이다. 부처님의 뜻은 깊고 멀어 무한하다. 그런데 그는 4종으로 경의 뜻을 분류하고 5시(五時)로 부처님의 뜻을 한정하려 했으니, 마치 술잔으로 바닷물을 잔질하고 대롱으로 하늘을 엿보는 것과 같을 뿐이다.[65]

이처럼 그는 비판할 것은 혹독히 비판하지만 대체적으로 진리터득을 위해 배움에의 기본적 자세를 가지고 있었습니다. 그는 무척 활달하고 거침이 없는 사람이었습니다. 이러한 그의 자세는 그의 개방성의 또 다른 표현이라고 할 수 있습니다.

이에 대한 그의 언급을 한번 들어보도록 합시다.

---

64) 위의 책, p.179.
65) 원효, 『열반종요』.

봉황새가 청운에 날아오르면 산악의 나직함을 내려다 볼 수 있고, 하백이 큰 바다에 이르면 시냇물 좁았음을 겸연쩍어 하듯, 학자가 《화엄경》의 보문(普門)에 들어가면 그때서야 먼저 배운 것이 편협했음을 알게 될 것이다.66)

자기가 조금 들은 바 좁은 견해만을 내세워, 그 견해에 동조하면 좋다고 하고, 그 견해에 반대하면 잘못이라고 하는 사람이 있다. 그런 사람은 마치 갈대구멍으로 하늘을 보는 것과 같아서, 갈대구멍으로 하늘을 보면 좋다고 하고, 그렇지 않은 사람은 하늘을 보지 못하는 자라고 한다. 이런 것을 일컬어 식견이 적은 데도 많다고 믿어서 식견이 많은 사람을 도리어 헐뜯는 어리석음이라고 한다.67)

다섯째, 그는 학문함에 있어서 '주체'를 강조하고 있습니다. 이는 붓다의 공부법을 그대로 반영한 것이라고 생각됩니다. 붓다는 코살라 왕국의 케사부타라는 작은 마을을 방문하여 행한 교설에서 주체의 참된 의미를 느낄 수 있습니다.

칼라마들이여, 조심하라. 풍문이나 소문이나 전래되는 말에 현혹되지 말라. 성전의 권위든, 단순한 논

---

66) 원효, 『화염경소』.
67) 원효, 『보살계본지법요기』.

리나 추론이든, 그에 끌려 다니지 말라. 그럴듯한 겉모습이나 공허한 논리의 기쁨에도 현혹되지 말라. 또한 표면적인 가능성이나 관념에도 현혹되지 말라. 이것이 나의 가르침이니라. 그러나 칼라마들이여, 어떤 것이 건전하지 못하고, 잘못되고, 악한 것임을 깨달았을 때는 그것들을 버리도록 하라. 어떤 것이 건전하고 선한 것임을 깨달았을 때에는 그것들을 받아들이고 따르도록 하라.68)

이러한 붓다의 생각은 『금강경』 제6품에서도 잘 나타나고 있습니다.

그러므로 법을 취하지도 말고 법 아닌 것을 취하지도 말 것이니, 이런 까닭으로 여래께서는 항상 말씀하시기를 '너희들 비구는 내가 설한 법이 뗏목과 같은 줄을 알라'하셨으니 법도 오히려 버려야 하거늘 하물며 법 아닌 것이랴.69)

이 구절에 대한 정천구 교수의 해설은 다음과 같습니다.

부처님의 법이 쇠퇴하게 될 후오백 세에도 바른

---

68) 월폴라 라훌라(저)·전철승(역), 『붓다의 가르침』(서울: 대원정사, 1988), p.16.
69) 정천구, 『금강경공부하기(개정판)』(서울: 작가서재, 2013), p.83.

믿음을 내는 사람이 있을 것이니 그들은 이미 과거에 계를 지키고 복을 지은 사람들일 것이다. 그들은 마음에 상을 짓지 않고 아상, 인상, 중생상, 수자상에 집착하지 않으며 법이라는 상에도 법 아니라는 상에도 집착하지 아니해야 된다는 것이다. 그래서 부처님의 법 자체도 강을 건널 때 필요한 뗏목과 같으니 강을 건너고 나면 뗏목도 버려야 한다는 유명한 뗏목의 비유가 여기서 나오고 있다.[70]

이러한 붓다의 생각은 바로 주체적 학문의 자세로 이어집니다. 주체는 결코 자기 교만·선입견·편견에 빠지자는 것이 아닙니다. 서양의 근대적인 이성적 주체가 도그마에 빠져 자기교만으로 이어지게 되어 많은 도전을 받았습니다. 그러나 원효가 말하는 주체는 그러한 주체가 아닙니다.

여기서 말하는 주체는 스스로 주인이 되자는 표현입니다. 바로 타인의 주장에 맹종하지 말고 노예주의에서 벗어나 스스로 생각하고 스스로가 주인이 되자는 것입니다.

주체에 대한 원효의 생각은 『금강삼매경론』에 잘 나타나고 있는데 그는 "교문이나 계율에 제약받지 않고 능히 자신의 마음으로써 도리어 결판해야 한다."고 한 것은 바로 진리·지식에의 무제약성을 강조한 것으로 철학의 본령을 그대로 보여주

70) 위의 책, p.84.

고 있다고 하겠습니다.

2부 원효의 생애

원효 강의

5강 원효의 생애

원효의 사상, 철학사상과 정치사상을 제대로 공부하기 위해서는 반드시 그의 생애 전반에 걸친 이해가 필요합니다. 그의 사상이나 철학은 관념 속에 머물고 있는 지(知)의 차원을 넘어서서 현실 특히 서민과 민중과 직접 연계된 행(行)의 차원에서 실천적인 의미를 가지고 있습니다.

이런 점에서 그의 사상과 철학을 정확히·올바르게 파악·이해하기 위해서는 반드시 그의 삶의 전체 즉 생애에 대한 연구가 필요합니다.

그의 사상과 철학은 그의 삶 속에 오롯이 표현되고 있고 실천되고 있습니다. 그렇기 때문에 그의 삶에 대한 이해 없이는 그의 사상과 철학에 대한 올바른 이해는 불가능합니다.

여기서 '올바른 이해' 란 여러 가지의 의미가 있습니다. 첫째는 원효사상과 철학의 참된 의미 즉 본질에 대한 이해를 말합니다. 원효사상과 철학은 그 깊이를 밝히기 어려울 정도로 깊고 그 넓이를 헤량하기 힘들 정도로 포괄적입니다.

그래서 원효에 대한 이해, 원효의 본질에 대한 이해는 많은 학문적 특히 철학적 혜안과 공부 그리고 분명한 인식체계가 요청됩니다. 일생을 '원효연구' 로 일관한 이기영 교수는 『원효사상 Ⅰ : 세계관』이란 책의 서문에서 다음과 같이 원효에 대하여 말하고 있습니다.

> 원효 - 그는 이 나라, 이 민족의 위대한 새벽일 뿐만 아니라, 전세계 인류의 위대한 새벽이 될 것입니다. 우리는 참으로 부끄러운 후손들입니다. 우리는 너무나 오랫도록 그 빛을, 그 아침 노을을 보지 못하고 살아 왔으니까 말입니다. 그리고 지금도 이 눈은 온전히 밝히 보지 못하는 어둠에 깔려 있습니다.[71)]

'원효' (사상·정신·철학)는 여전히 역사의 저편에 묻혀 있는 존재라고 해도 과언이 아닙니다. 원효를 연구하는 이는 많지만 진실로 원효를 이해하고 있는지 의문시 되지 않을 수 없습니다. 자신은 호화생활하고 호의호식하면서, 자신은 여기서는 저 말 저기서는 저 말하면서, 자신은 남을 질투하고 시기하는 마음을 버리지 않으면서, 자신은 오직 자신과 가족만의 이익과 이해를 중히 여기면서, 자신은 말로써는 개혁이니 민중이니 서민이니 정의니 하면서 실제로는 완전 이중적 생각과 행각에서 벗어나지 못하면서 정말 일생을 오직 구도의 길과 가난한 민중과 삶을 함께 살아간 "원효" 를 어찌 제대로 이해할 수 있겠

71) 이기영, 『원효사상 Ⅰ : 세계관』(서울: 홍법원, 1989).

습니까?

원효는 상아탑의 깊고 깊은 곳에서 민중과 유리된 채 탁상공론을 일삼는 그러한 형해화되고 형식주의적인 지식인이 아닙니다. 그는 시대의 문제에 온 몸을 던져서 고민하고 시대의 고통 속에 신음하고 있는 민중들에게 희망의 메신저 역할을 했던 살아있는 지식인이었고 구원의 구도자였습니다.

원효를 제대로 이해하고 파악하기 위해서는 원효를 연구하는 연구자 역시 올곧은·정의로운·순수한 삶의 철학을 가질 때 가능하다고 생각합니다. 현실에서 온갖 부정과 부패의 행동을 하는 이가 어찌 단재 신채호를 공부할 수 있으며, 한국·한국인·한국문화·한국사상·한국역사·한국철학을 업신여기는 이가 어찌 백범·안중근·안창호·단군사상·풍류도·화랑도·동학을 연구할 수 있겠습니까?

한국을 사랑하고 한국민족에 자부심을 느끼고 한국역사에 무한한 긍지심을 느끼고 한국문화와 한국사상과 한국철학에 깊은 이해와 자부심을 느끼는 이만이 한국의 사상가의 사상과 철학을 제대로 이해·분석할 수 있습니다.

백범 김구선생이 한말, 일제 하, 그리고 해방정국에서 오직 조국의 국권회복과 독립 그리고 통일을 위해서 자신의 생명을 민족의 제단에 바친 것은 결코 우연한 일이 아닙니다. 그는 우리 민족, 우리 나라, 우리 역사, 우리 사상, 우리 철학에 대한 언설로 다할 수 없는 무한한 자부심과 긍지심을 지니고 있었습니다.

> 우리가 주연배우로 세계 역사의 무대에 나서는 것은 오늘 이후이다. 삼천만의 우리 민족이 옛날의 그리이스 민족이나 로마민족이 한 일을 못한다고 생각할 수 있겠는가.[72]

> 진정한 세계의 평화가 우리 나라에서, 우리 나라로 말미암아서 세계에 실현되기를 원한다. 홍익인간(弘益人間)이라는 우리 국조(國祖) 단군의 이상이 이것이라고 믿는다. 또 우리 민족의 재주와 정신과 과거의 단련이 이 사명을 달성하기에 넉넉하고 우리 국토의 위치와 기타의 지리적 조건이 그러하며 … 우리 민족이 주연배우로 세계의 무대에 등장할 날이 눈앞에 보이지 아니하는가.[73]

이처럼 원효사상과 철학의 본질을 제대로 이해하기 위해서는 원효와 같은 삶을 살 수 없다고 하더라도 원효가 구도와 진리의 길을 걸어간 것처럼, 원효를 연구하는 자신 역시 한국과 한국사상 및 한국문화에 대한 무한한 자부심을 기초하여 "올곧은" 삶을 살 때 가능한 일입니다.

---

72) 김구, 『백범일지』(서울: 교문사, 1980), p.293. '민족국가' 중.
73) 위의 책, p.302. '내가 원하는 우리 나라' 중.

둘째, 원효에 대한 올바른 이해는 원효사상과 철학이 지향하는 바와 그것이 지니는 오늘의 의미·교훈에 대한 분명한 이해가 전제되어야 합니다. 우리가 오늘의 이 시점에서 원효를 공부하는 이유는 단순히 원효알기, 원효에 대한 지식 쌓기의 차원이 아닙니다.

원효가 구하고자 했던 그 바램, 희구를 분명히 찾아야 하고 그의 정신, 사상 및 철학이 주는 오늘의 의미와 교훈을 추출하기 위함입니다. 즉 '원효'의 현재적 의미를 제대로 파악하지 못한다면 원효공부는 과연 무슨 의미가 있겠습니까?

이탈리아가 저명한 역사학자 크로체(Benedetto Croce, 1866-1952)가 "모든 역사는 현재의 역사다."라고 말한 것은 역사가 지니는 현재적 의미를 강조하기 위함입니다.

원효에 대한 공부·연구를 하는 목적은 우리 역사에서 이런 위대한 인물을 밝히는 데도 있지만 그의 삶, 정신, 사상 및 철학의 현재적 의미를 밝히는 데도 있음을 간과해서는 안 될 것입니다.

이러한 생각을 기초로 하여 원효의 삶의 발자취를 추적·탐구해보도록 하죠. 우리는 원효의 생애를 통한 그의 삶의 자취를 살펴보고 이를 통해 그의 삶이 주는 의미와 그리고 오늘 우리가 얻을 수 있는 교훈에 대해 알아보도록 하겠습니다. 원효의 70년 삶을 여기서 짧은 시간에 다 설명한다는 것은 정말 어불성설입니다. 그래서 여기서는 원효의 생애를 몇 단계로 나누어서 알기 쉽게 간략하게나마 설명하고자 합니다.

이 분류는 나름대로 원효의 삶과 사상을 연구한 입장에서 나눈 것이기 때문에 원효의 삶 전체를 조망하기 어려운 점이 있는 게 사실이지만 중요한 삶의 족적을 대부분 다룰 예정이니 이를 기초해서 공부하면 원효에 대한 이해의 폭을 넓힐 수 있을 것으로 생각됩니다.

원효의 생애를 면밀히 보면 중요한 변곡점이 수없이 있지만 여기서는 이 모든 것을 감안하여 크게 세 단계로 나누어 분류해 보았습니다.

1. 출생 ~ 출가까지 : 사상의 형성기

물론 이 시기도 여러 꼭지로 나눌 수 있는 여지가 많이 있지만 그냥 포괄적으로 다루기로 하겠습니다.

원효는 진평왕 39년(617년)에 태어나 신문왕 6년(686년)에 열반하였습니다. 그가 활동했던 시기는 신라가 삼국통일하는 전후로 문자 그대로 역사의 격변기였습니다.

우리 역사에서 최대의 격변기를 지적하면 신라의 삼국통일기와 한말시대(1860-1910년) 및 해방정국(해방3년사 혹은 미군정기, 1945-1948년) 등을 지적할 수 있습니다.

삼국이 생존을 위한 처절한 전쟁을 영일없이 벌일 때 원효는 신라에서 출생하였습니다. 원효의 출생에 대해서는 『삼국유사』 권4 '원효불기'(元曉不羈)에 자세히 기재되어 있습니다. 이 시기는 크게 두 단계로 나누어서 설명하도록 하겠습니다.

1 출생(617년)

한 사상가의 사상과 철학을 제대로 알기 위해서는 출생부터 추적하여 탐구하는 것이 중요합니다. 출생부터 보는 것은 그의 가정 배경과 교육 환경 및 성장의 과정을 여실히 파악할 수 있기에 매우 중요합니다.

원효는 617년 삼국이 주도권을 장악하기 위한 처절한 전쟁이 상시적으로 벌어지고 있는 상황에서 오늘날의 경상북도 경산군 압량면 신월동 부근으로 추정되는 불지촌(佛地村)[74]에서 세속의 성 설씨(薛氏)로 출생했습니다.

『삼국사기』 중 '진평왕' 편을 보면 원효 출생 전인 진평왕 38년 10월에도 백제가 모산성(운봉)을 공격해 왔다는[75] 기록이 있을 정도로 당시의 상황은 처절한 전쟁 상황이었음을 알

---

74) 부처의 마을이라는 뜻.
75) 김부식(지음)·이병도(역주), 『삼국사기』(서울: 을유문화사, 2004), p.103.

수 있습니다. 이러한 시대에 태어난 원효는 시대의 아픔과 문제를 고스란히 안고 살아갈 수밖에 없는 운명을 지니고 있었습니다.

그의 출생에 대해 『삼국유사』는 다음과 같이 언급하고 있습니다.

> 성사 원효는 세속의 성이 설씨이고, 할아버지는 잉피공이며 적대공이라고도 한다. 지금 적대연 옆에 잉피공의 사당이 있다. 원효의 아버지는 담날내말이다. 원효는 처음에 압량군 남쪽 불지촌의 북쪽 밤골 사라수 아래에서 태어났는데, 불지촌은 간혹 발지촌이라고도 한다.[76]

위의 글을 볼 때 원효의 집안은 6두품 집안으로 아버지(담나)의 직책인 내말(乃末)은 17관등 중 제11위의 관직인 것으로 볼 때 결코 낮은 관리가 아니라고 생각됩니다. 조부인 잉피공의 사당이 고려말기까지 적대연 옆에 있었던 것을 보면, 적대공의 가계는 상위 귀족이었으며 상당한 존경을 받았던 집안이었다고 할 수 있을 것입니다.[77]

모두 위대한 인물의 경우 독특한 '탄생설화'를 지니고 있습니다. 삼국통일의 영웅인 김유신 장군의 경우 아버지가 별이

---

76) 일연(지음)·김원중(옮김), 앞의 책, p.457.

77) 고영섭, 앞의 책, p.40.

내려오는 꿈을 꾸었다고 합니다. 이에 대해서는 『삼국유사』의 기록을 인용해볼 필요가 있습니다.

> 유신공은 진평왕 17년 을묘년(595)생으로 북두칠성의 정기를 타고 태어났기 때문에 등에 북두칠성의 무늬가 있었고, 또 신기하고 이상한 일이 많았다.[78]

황룡사에서 9층탑을 세우고 선덕여왕 당시 대국통으로 임명된 자장(590-658년 혹은 608-677년)은 진골출신의 후예로서 재상자리를 권유받았으나 받아들이지 않고 출가한 인물입니다. 선덕여왕은 사자를 보내어 명령을 어기면 즉시 처형하라고 하였습니다. 그는 "내 차라리 하루라도 계를 지키다 죽을지언정 100년을 계를 깨뜨리며 살고 싶지는 않다."고[79] 선언할 정도로 강직한 인물이었습니다. 이러한 자장도 어머니가 갑자기 별이 떨어져 품안으로 들어오는 꿈을 꾸고 낳았다고 합니다.[80]

원효 역시 어머니가 유성이 품속으로 들어오는 태몽을 꾸고 임신하여 낳았다고 합니다. 이에 대해 『삼국유사』에 다음과 같이 기록되어 있습니다.

---

78) 일연(지음)·김원중(옮김), 앞의 책, p.113.
79) 위의 책, p.449.
80) 위의 책, p.448.

> 처음에 어머니의 꿈에 별똥별이 품속으로 들어오더니 임신하였는데, 출산을 하게 되자 오색 구름이 땅을 덮었다.[81]

원효의 출생과정에 얽힌 탄생일화에 대해서 『삼국유사』는 아래와 같이 보다 구체화하고 있습니다.

> 성사의 집은 본래 이 골짜기 서남쪽에 있었다. 어머니가 아이를 배어 달이 찼는데 마침 이 골짜기의 밤나무 아래를 지나다가 갑자기 해산을 하게 되었다. 급한 나머지 집으로 돌아가지도 못하고 남편의 옷을 나무에 걸어놓고 그 안에 누워 아기를 낳았기 때문에 그 나무를 사라수라고 불렀다. 그 나무의 열매 또한 보통 것과는 달라서 지금까지도 사라율이라고 부른다.[82]

이상과 같은 원효의 출생을 볼 때 원효는 남부럽지 않은 집안에서 태어나서 큰 경제적 어려움 없이 자신의 미래의 꿈을 영글어 나갈 수 있는 입장에 있었음을 알 수 있습니다.

만약 그가 평민이나 천민으로 태어났으면 그의 삶도 많이 달라졌을 것으로 보입니다. 맹자는 경제적 상황의 중요성에 대해 다음과 같이 언급하고 있습니다.

---

81) 위의 책, p.458.
82) 위의 책, p.457.

백성들이란 항산(恒産)이 있으면 항심(恒心)도 있고, 항산이 없으면 항심도 없습니다.[83]

조부와 부모님의 경제적 수준과 학덕 그리고 인품은 한 인물의 성장에 "결정적" 영향을 끼친다는 점에서 원효의 출생은 그의 인격형성과 퍼스낼러티(personality) 구축에 큰 의미와 역할을 하였다고 생각합니다.

그리고 원효의 탄생설화는 붓다의 탄생설화와 매우 유사하다는 점에서 원효의 불교적 위상을 강조하기 위함으로 볼 수 있습니다. 즉 그의 탄생설화를 통해 원효의 불교에의 운명적 관계를 엿볼 수 있으며 '동방의 붓다' 라는 숨은 의미를 나타내기 위함이 아닌가라는 생각을 하게 됩니다.

2 화랑으로서의 활동

둘째, 이 시기 원효는 '화랑' 으로서 활동한 것으로 보입니다. 사실 원효의 경우, 어린 시절과 젊은 시절의 활동을 알 수 있는 자료가 거의 없는 상황이지만 그가 '화랑' 으로 활동한 것은 분명한 사실입니다. 그의 화랑시절을 고찰하기 전에 '화랑도' 가 무엇인지에 대한 설명이 필요합니다.

---

83) 『맹자』, '등문공장구 상' 중. 民之爲道也 有恒産者 有恒心 無恒産者 無恒心.

화랑도의 유래와 기원에 대한 저의 분석 글을 우선 보도록 하죠. 조금 길지만 화랑도를 보다 정확히 알기 위해 인용하도록 하겠습니다.[84]

> 통일신라의 사상을 이해하기 위해서는 '화랑도'(花郎道)에 대한 이해가 없이는 절대 불가능하다. 이 말은 통일신라의 사상 특히 정치사상은 화랑도에 의해 전반적으로 규율되고 영향을 받고 있다는 것을 뜻한다. 즉 신라가 천년사직을 지탱하고 삼국을 통일하는데 있어서 가장 중추적인 정신이 바로 화랑도정신이고 그 조직이 바로 화랑도이다. 그러면 화랑도는 과연 무엇을 말하는가? 그리고 화랑도정신이 지니는 내용과 그 의미는 과연 무엇인가? 화랑도는 국가경영에 필요한 다양한 인재와 삼국통일의 중추적인 주도세력을 배출하는데[85] 결정적인 역할을 하였다. 신라사와 화랑도를 연구하는데 있어서 가장 중요한 자료인 김대문의 『화랑세기』에 보면 화랑도의 이러한 점을 분명히 적시하고 있다. 즉, 화랑도에 대해 김대문은 "어진 세상과 충성스러운 신하가 이로부터 빼어났고 훌륭한 장군과 용감한 병졸들이 이로부터 나왔다. 화랑의 역사를 알지 않으면 안 된다."고[86]

---

84) 아래의 인용구는 정경환, 『한국정치사상 연구』, pp.135-137에서 인용한 것임.

85) 양근석, "화랑도의 윤리사상," 『국민윤리연구』(한국국민윤리학회, 2002), p.67.

86) 이종욱, 『대역 화랑세기』(서울: 소나무, 2005), p.14. '序文'

언급하고 있다. 이런 점에서 볼 때 화랑도는 종교적이고 도덕적인 단체라기보다는 정치적 단체로서 이루어졌다. 화랑도가 창설되자 종교적 도덕적 성격을 띤 다른 단체들은 이 정치적 단체에 포함된 것으로 이해된다.[87] 그러면 화랑도는 어디에서 유래되었는가? 화랑의 유래에 대해서는 사실 여러 가지의 설이 있지만 가장 확실한 자료에 근거한 출발연대는 『삼국사기』, 진흥왕 37년(서기 578년)으로 보고 있다. 그러나 이는 화랑도라는 정치제도가 현실에서 실천되고 구체화된 시기로 사실 화랑도는 그 이전 법흥왕시절에도 존재했음이 여러 사료를 통해 밝혀지고 있다. 우선 『화랑세기』, '서문'에 보면 "이에 앞서 법흥대왕이 위화랑을 사랑했는데, 화랑이라 불렀다. 화랑이라는 이름은 여기서 비롯됐다."는[88] 구절이 나온다. 15세기 들어서서 여러 학자들이 이조 성종임금의 명령을 받들어 3-40년 동안에 수많은 책들을 참고해 엮은 동국여지승람에선 화랑(風月主, 배달님)에 관하여 다음과 같이 말하였다. "처음 신라에선 임금과 신하가 훌륭한 인재들을 알지 못하여 걱정하던 끝에, 아이들을 무리지어 놀게 하고, 그들의 거동과 기백을 본 뒤에, 들어(뽑아)서 쓰기로 하였다." 그

중. "於是賢佐忠臣 從此而秀 良將勇卒 由是而生 花郎之史不可不知也'

87) 유병덕, "통일신라시대의 풍류사상," 한국철학회(편), 『한국철학사(상권)』(서울: 동명사, 1987), pp.139-140.

88) 이종욱, 앞의 책. "先是法興大王愛魏花郎 名曰花郎 花郎之名始此"

뒤 "법흥 임금 1년에 얼굴과 행실이 단정한 사내들(童男)을 가려 뽑아, 풍월주(배달님)라 부르고, 착한 선비들(士)을 구해 제자들을 삼아, 효성과 우애와 신의를 힘썼다."고[89] 한다. 이렇게 보면 『삼국사기』에서 언급되고 있는 진흥왕 이전인 법흥왕 때부터 이미 "화랑의 제도화"가[90] 이루어진 것으로 보인다. 화랑집단은 이보다 훨씬 오래 전부터 존재하고 있었던 신라 사회 고유의 청년집회로서 군사적·종교적·교육적 기능을 복합적으로 지니고 있었다. 사실 화랑이 제도화 되기 이전에 이미 그 원류가 되는 풍류 내지는 풍월도(風月道)의 전통이 있었던 것이다. 화랑도의 기원을 따져 보면, 이는 상고시대부터 고유한 신앙 밑에 민족의 교양을 지도한 연원에서 생겼다고 볼 수 있다.[91]

이러한 연원을 가지고 있는 화랑도는 도 즉 진리를 추구하고 있고, 도를 관념의 유희로써만 아니라 도의 실천에 그 의미가 있고, 홍익인간의 이상사회를 추구하고 있습니다. 이런 점에서

89) 안호상, 『단군과 화랑의 역사와 철학』(서울: 사림원, 1979), p.122. "初 新羅君臣 患無以知人 欲使類聚群 遊以觀行儀 然後擧而用之. 法興王元年 選童男 容儀端正者 號風月主 求善士 爲徒衆 以勵孝悌忠信" 『輿地勝覽』, 卷二十一. 위의 책, p.122에서 재인용.

90) 위의 책, p.122.

91) 손정인, "풍류도와 화랑정신," 이광률외(공저), 『민족정신의 원류와 전개』(경산: 경산대학교출판부, 2000), p.47.

화랑도는 많은 의미가 있는데 첫째, 문부겸비(文武兼備)의 이상적 인간상을 발견하게 된다는 점이고 둘째, 진충보국(盡忠報國)의[92] 의미를 지니고 있다는 점이고 셋째, 나라의 발전과 통일을 위해서는 반드시 그 목적을 이룰 수 있는 주도세력의 필요성을 절감하게 된다는 사실이고 넷째, 우리 민족의 전통 내지 민족사상으로 재조명·재평가되어야 한다는 점이고 마지막으로 통일신라시대를 여는 중심적·핵심적 정신이었다는 점에서 오늘날 분단시대를 통일시대로 전환하는 정신적·사상적 원천으로 삼아야 한다는 점을 지적할 수 있습니다.[93]

이처럼 화랑도는 한국의 전통적인 정신, 정신, 철학을 계승한 신라시대의 통일을 위한 조직이자 사상이라고 할 수 있습니다. 신라의 청년으로 화랑도 조직에 참여하여 조국보위에 나서는 것은 매우 당연한 일이었습니다. 젊은 날의 기록이 없어서 확정적으로 말하긴 어렵지만 서당(출가 전 원효의 이름) 즉 원효가 29세 때까지 화랑으로 수 없는 전투에 참여한 것으로 보입니다.

화랑으로 역할한 원효의 활동에 대해서는 여러 가지의 의미를 부여할 수 있다고 생각합니다. 우선 화랑도는 신라의 호국을 위한 청년조직으로 여기에 참여하였다는 것은 원효의 대

92) 충성을 다하여 나라에 보답한다는 뜻.
93) 정경환, 앞의 책, pp.138-144.

(大)를 위한 헌신 내지 전체를 위한 개체의 역할을 분명히 느낄 수 있습니다.

다음으로 전쟁터에서 그는 삶과 죽음의 경계에 서서 삶과 죽음의 철학을 체득하였던 것으로 보입니다. 삶과 죽음은 분리되어 있는 것이 아니라 같은 동일선상에 있음을 알게 되었습니다.

마지막으로 민중들의 처참한·황폐한 삶의 고통·현실을 뼈저리게 체험했다고 하는 사실을 지적할 수 있습니다. 민중들을 계도하고, 민중들을 깨우쳐 진정한 정토의 세상을 만드는데 헌신해야 한다는 신념을 다진 것으로 보입니다.

이처럼 출생에서 출가까지의 원효 생애의 첫 단계는 원효가 세상, 인간, 정치, 사회를 보는 분명한 인식체계를 정립했던 시기로 고찰됩니다. 비교적 부유하고 안정된 집안의 형편에서 출생하여 귀족 중심의 청소년 호국집단인 화랑도에 입도하여 나라를 수호하는 데 헌신함으로써 그리고 무수한 전쟁·전투에 임함으로써 삶과 죽음에 대한 자기만의 철학을 정립할 수 있었다고 고찰됩니다.

2. 출가 ~ 깨달음 : 사상의 정립기

원효의 생애는 단언적으로 설명하기 어려운 점이 많이 있습니다. 그는 수많은 저술을 남겼으나 그의 행적 자체는 매우 신비로울 정도로 베일에 가려져 있을 정도로 이설이 난무합니다. 그의 생애에 대한 연대기마저도 정확치가 않기 때문에 여기서는 알려진 바를 기초로 하여 생애의 족적이 주는 의미에 대해 규명하는 것으로 정리하고자 합니다.

여기서 '의미'를 규명한다는 것도 사실 간단한 문제가 아닙니다. 철학이란 자체가 의문학이기 때문에 의미를 어떻게 밝혀내느냐? 는 문제는 철학사 특히 현대철학에 있어서 매우 중요한 주제입니다.

인간의 이성에 의한 이성적 주체를 강조하는 전통적 철학에서는 인간과 역사의 내면에 주안점을 두고 의미를 규명했지만 이성적 주체를 비판하는 현대철학의 사조에서는 의미를 인간과 역사의 외부 즉 '구조'에 관심을 두고 규명하고 있습니다. 이 점은 후일 현대철학을 강의할 때 다루기로 하고 여기서는 원효라는 선각자·사상가의 삶의 족적에 나타난 행태를 기초하여 그 의미를 규명하고자 합니다.

1 출가(出家)

출가가 지니는 의미는 간단치가 않습니다. 출가에 대한 정확한 기록과 그의 소회가 담긴 글들이 없기 때문에 정확하게 언급하기는 어렵지만 그가 출가한 시기는 신라에 의해 3국이 통일되기 전 3국 간에 처절한 전쟁이 치열하게 전개되던 시기였음은 분명하다고 하겠습니다.

그가 언제, 어느 절로 출가했다는 기록은 없으나 『제사제작목록(諸師製作目錄)』에는 "흥륜사 법장(法藏)의 문인(門人)"이라고 기록되어[94] 있을 뿐입니다.

화랑으로서, 지방관리의 아들로서 나라가 위기에 처해있던 그 시절에 그가 출가를 단행한 것은 결코 우연이 아니었다고 생각됩니다. 그는 통일전쟁에 참여하면서 삶과 죽음을 생각하였을 것이고 그냥 전쟁에서 허무하게 죽음을 당하는 것보다 당시 '불교의 나라' 였던 신라에서 정신적·사상적 지주가 되어야 한다고 생각했을지도 모릅니다. 분명한 것은 탈속 후 그의 행적과 저술활동을 통해 볼 때 개인적인 목적에 의해 출가한 것이 아니라 '신라' 라는 보다 큰 전체의 틀에서 출가한 것으로 보입니다.

이때의 원효가 당하고 있는 상황에 대해 김남선 작가는 다음과 같이 묘사하고 있습니다. 비록 픽션이지만 리얼하게 적고 있습니다.

---

94) 이종익, '원효의 생애," 불교전기문화연구소편, 『원효, 그의 위대한 생애』(서울: 불교춘추사, 1999), p.220.

> 서당 역시 화랑으로, 거듭되는 전투에 참가했었던 것으로 보입니다. 그러나 서당은 전쟁의 승리에 대해 아무런 기쁨도 감동도 느낄 수 없었습니다. 자신이 아끼고 사랑했던 동료들의 죽음은 서당의 가슴에 몇천개의 무덤이 되어 아프게 묻혀 있었던 것입니다. 황금빛 갑옷, 휘황찬란한 개선의 행렬, 환영의 군중 … 이 모두가 그에게는 의미 없는 일이었습니다. 더구나 군사들이 죽음을 두려워하지 않고 싸워 얻어낸 승리의 결과는 그들의 이익과 행복에 밑받침이 되는 것이 아니라 몇몇 귀족에게만 돌려졌고, 통일전쟁이 끝난 후에는 심지어 어떤 화랑들은 생계대책이 없어서 굶어 죽을 지경에까지 이르렀다고 합니다. 낮은 골품의 출신이 서당 역시 마찬가지 운명이었을 일이 일어났습니다. 그것은 자신을 지극히 사랑해주셨고 의지가 되어온 할아버지 잉피공의 죽음이었습니다.[95]

원효는 지금까지 조실부모한 채 할아버지인 적대공의 손에 길러졌습니다. 어머니는 일생동안 한 번도 본적이 없었습니다. 어머니는 원효를 낳고 바로 젖도 못 물려보고 돌아가신 것으로 알려지고 있습니다. 진평왕 39년, 617년에 어머니는 타계하셨습니다.

아버지(담나)는 원효가 출생한 직후 낭비성 전투에서 사망하

95) 김남선, 『원효, 만해, 김시습』(서울: 도서출판 정토, 1989), p.20.

였고 그가 의지하던 할아버지 역시 그의 나의 17세 경에 사망한 것으로 추정되고 있습니다. 그는 혈혈단신이 되어 삶과 죽음의 경계선상에서 불도에 입문하게 된 것입니다.

그의 출가는 첫째, 자기 신념의 결과였습니다. 신념은 기적을 낳고 용기를 낳고 창조를 이루는 원동력을 형성합니다. 신념이 있는 이와 없는 이는 완전히 정반대의 결과를 만들어 냅니다. 이 신념에 대해 에리히 프롬(Erich Fromm)은 『희망의 혁명』이라는 책에서 다음과 같이 설명하고 있습니다.

> 신념은 신앙이나 지식의 나약한 모습은 아니다. 또한 그것은 구체적인 이런 저런 것에 대한 신념도 아니다. 신념이란 아직 증명되어 있지 않은 것을 믿는 것이며, 참된 가능성(real possibility)을 알게 되는 것이며, 속에 배태(胚胎)되어 있는 것을 알아차리게 되는 것이다. 신념이라는 것이 아직 이 세상에 나타나지 않은 지식을 가리킬 때, 그것은 합리적인 것이라고 말할 수가 있다. 그것은 표면을 꿰뚫고 문제의 해석까지를 투시하는 자식과 이해의 능력에 기인되고 있다. 신념이란, 희망과 마찬가지로, '미래'(future)를 예언하는 것이 아니라, 미래를 그 속에 안고 있는 '현재(present)를 통찰하는 것이다.[96]

---

96) Erich Fromm, *The Revolutuin of Hope*, 이극찬(역), 『희망의 혁명』(서울: 현대사상사, 1977), p.38.

그는 청소년기에 화랑으로써 전투에 참여하였고 남다른 집안 환경에서 집안의 가풍·신조에 따라 행동하였습니다. 고립무원이 된 그가 선택할 수 있는 것은 많지 않았습니다. 연이은 죽음의 상황을 목도하면서 그는 신념에 의해 출가를 결심하게 된 것으로 보입니다. 이때의 상황을 이광수는 자신의 저술인 『원효대사』에서 다음과 같이 서술하고 있습니다.

> 원효가 십칠세 되던 해에 조부도 병몰하자 원효는 곧 출가하기로 결심하고 그 집을 절을 만들어 초개사(初開寺)라 하고, 또 그 어머니가 원효를 낳고 돌아가시고 무덤도 있는 왕밤나무 곁에 절을 지어서 사라사(娑羅寺)라 하니 다 그 부모의 명복을 빌고자 함이었다. 특히 첫아들을 낳고 젖도 못 물려 보고 돌아간 어머니의 명복을 간절하게 빌었다. 원효의 눈앞에는 삼십삼 년의 지나간 일생이 떠 올랐다. 고요하고 옛빛이 농후한 신궁 경내는 이러한 추억을 자아내는 것 같았다. 원효의 지금까지는 세상에서 이르는 바 고적한 일생이었다. 조실부모하고 혈혈단신이었던 원효였다. "부제불제불 장엄적멸려 어다겁해 사욕고행 중생중생 윤회화택문 어무량세 탐욕불사(夫諸佛諸佛 莊嚴寂滅呂 於多劫海 捨慾苦行 衆生衆生 輪廻火宅門 於無量世 貪慾不捨, 모든 부처님과 부처님들이 적멸궁에 장엄해 계시는 것은 많은 겁해에 욕심을 버리고 고행하신 결과이고 중생이 불타는

집에 윤회하는 것은 끝없는 세상에 탐욕을 버리지 못한 탓이다).”라 하여 원효는 불도를 닦는 것으로 큰 원을 삼은 것이었다.[97]

이처럼 원효는 “불도를 닦는 것을 큰 원을 삼아” 출가를 결심하였던 것입니다.

둘째, 출가는 자기에의 혁명적인 전환을 알리는 징표로서 작용하였습니다. 만약에 그가 가정을 가졌다면, 부인과 자식을 거느린 가장이었다면 아마 오늘의 원효는 이루어지기 힘들었을 것으로 보입니다. 물론 이는 가정이기 때문에 단적으로 말하기는 어렵습니다.

셋째, 출가는 새로운 나에의 기대심리가 작용했을 것으로 보입니다. 원효의 출가는 현실을 도피하고 절망적인 상황에서 하나의 출구로서 선택된 것이 아닙니다. 넷째, 그의 출가는 새로운 나, 사심 없는 나, 수양된 나, 자기를 버린 나를 통해 삶과 사회를 연계시키려고 하는 그의 의도가 깊이 내재되어 있습니다.

97) 이광수, 『원효대사 1』(서울: 화남, 2006), p.146.

2 성도(成道)

원효의 성도 즉 깨달음은 다른 그 어떤 이 보다도 극적입니다. 원효의 성도는 문무왕의 집권 시기인 661년 즉 그의 나이 45세 때의 일이었습니다. 이 당시의 기록은 여러 곳에 나타나고 있는데 가장 대표적인 것이 『송고승전』 입니다. '의상전'에 소개된 원효의 무덤에서의 일화를 소개하고자 합니다.

> 원효법사가 동지 의상과 함께 서쪽으로 유행(遊行)하고자 하여 길을 떠났다. 본국 신라의 해문(海門)이자 당의 주계(州界)에 도착, 장차 큰 배를 구해 창파를 건너려고 했다. 중도에서 심한 폭우를 만났다. 이에 길옆의 토감(土龕), 즉 토굴 사이에 몸을 숨겨 회오리바람과 습기를 피했다. 다음날 날이 밝아 바라보니 그곳은 해골이 있는 옛 무덤이었다. 하늘에서는 궂은비가 계속 내리고 땅은 질척해서 한 발자국도 앞으로 나아갈 수가 없었다. 또 무덤 속에서 머물렀다. 밤이 깊기 전에 갑자기 귀신이 나타나 놀라게 했다. 원효법사는 탄식하여 말했다. "전날 밤에는 토굴에서 잤음에 편안하더니 오늘밤은 귀신굴에 의탁함에 근심이 많구나. 알겠도다. 마음이 생김에 갖가지 것들이 생겨나고, 마음이 사라지면 토감과 고분이 둘이 아닌 것을. 또한 삼계(三界)는 오직 마음이요, 만법이 오직 인식임을. 마음 밖에 법이 없으

니, 어찌 따로 구하랴. 나는 당나라에 들어가지 않겠소." 이에 원효는 바랑을 메고 본국으로 돌아가 버렸다. 의상은 홀로 어려움을 무릅쓰고 상선에 의탁하여 당나라로 갔다.[98]

여기서 원효가 깨달은 것은 모든 것은 마음먹기에 달려 있다고 하는 사실이었습니다. 그래서 그는 "한 생각이 일어나면 갖가지 법이 일어나고 한 생각이 사라지면 갖가지 법이 사라진다."고[99] 생각했던 것입니다. 무덤에서의 또 다른 일화는 『종경록(宗鏡錄)』에서 언급되어 있습니다.

옛적 동국의 원효법사와 의상법사 두 분이 함께 스승을 찾아 당나라로 왔다가 범이 되어 황폐한 무덤 속에서 잤다. 원효법사가 갈증으로 물 생각이 났는데, 마침 그의 곁에 고여 있는 물이 있어 손으로 움켜 마셨는데, 맛이 좋았다. 다음날 보니 그것은 시체가 썩은 물이었다. 그때 마음이 불편하고 그것을 토할 것 같았는데, 활연히 크게 깨달았다. 그리고는 말했다. "내 듣건대, 부처님께서는 삼계유심(三界唯心)이요 만법유식(萬法唯識)이라고 하셨다. 그러나 아름다움과 나쁜 것이 나에게 있고, 진실로 물에 있

98) 『송고승전』, 권4, '신라국의상전', 김상현, 앞의 책, p.56에서 재인용.

99) 心生則種種法生 心滅則種種法滅.

> 지 않음을 알겠구나." 마침내 그는 고향으로 돌아가 두루 교화했다.[100]

이상과 같은 삶의 경험dml 모든 것이 마음과 생각에 의한 분별에서 오는 것임을 분명히 깨닫게 하였습니다. 우선 그는 이 무덤에서의 경험에서 깨달음의 순간을 경험하였습니다. 엄청난 울림의 순간이었던 것입니다. 불교신자로서 붓다의 근본지인 '일체유심조'(一切唯心造)의 교설을 온몸으로 체득하는 순간이었습니다. 이때의 상황을 이종익 교수는 "원효는 일심의 본원, 만법의 실상을 사무치게 깨달았다. 이때까지 알 듯 말 듯 뚜렷이 드러나지 않던 진여(眞如)의 참모습이 확실히 나타나며 법에 대한 의심이 끊어져 버렸던 것이다." 라고[101] 설명하고 있는데 매우 일리 있는 분석이라고 생각됩니다.

이러한 원효의 깨달음의 원리는 『대승기신론』에 잘 표현되어 있는데 그 구절을 소개하면 다음과 같습니다.

> 심진여는 곧 일법계의 대총상이며 법문의 체이다. 이른바 심성은 불생불멸이다. 일체 제법은 오직 '허망한 생각'(망념)에 의거하여 차별이 있는 것이니, 만약 망념을 여의면 일체 경계의 모습은 없다.[102]

---

100) 『종경록』, 권 11, 김상현, 앞의 책, p.98에서 재인용.
101) 이종익, 앞의 글, pp.223-224.
102) 마명, 『대승기신론』.

원효에 따르면 위의 구절에서 '곧 일법계' 라고 한 것은 "진여문이 의지하는 체를 든 것이니, 일심이 바로 일법계이기 때문이다." 라고[103] 하였습니다. 그리고 " '만약 망념에 여의면 일체의 경계의 모습은 없다.' 는 것은 집착된 상(相)에 대해 그 상의 성(性)이 없다는 것을 나타냅니다. 이는 마치 공화(空華, 없는 꽃)가 오직 눈병에 의해서만 꽃의 모습으로 있고, 만약 눈병을 여의면 곧 꽃의 모습은 없고 오직 공한 성만 있는 것과 같다." 고 설명하고 있습니다.[104]

그는 일심을 이루면 모든 것에서 구속됨이 없이 자유자재의 상태에 이름을 절감했습니다. 즉 "간밤에 아무 분별 없이 물을 마실 적엔 그 물이 달아 목마름을 풀고 편히 잤는데 왜, 그 마신 물이 이미 다 분비된 오늘 아침에 와서 구역질이 나는가? 이것은 오직 한 생각 분별에서 오는 망업(妄業)임을 활짝 깨닫자, 마음의 본래 모습과 만법의 본래 평등일여한 실상임을 사무쳐 깨달았던 것입니다." [105]

이러한 깨달음은 원효가 지은 것으로 알려지고 있는 『금강삼매경론』 '여래장품' 에 구체적으로 명시되어 있습니다. 경에 보면 "법은 분별로부터 생겨나고 다시 분별로부터 없어지

103) 원효(저)·은정희(역주), 『대승기신론소·별기』, p.104.
104) 한자경, 『대승기신론 강해』(서울: 불광출판사, 2014), p.95.
105) 이종익, 앞의 글, p.224.

니, 모든 분별을 없애는 법은 이 법은 생멸하는 것이 아니다." 고[106] 되어 있습니다.

이 구절에 대해 원효는 다음과 같이 설파하고 있습니다.

> 이제 이 게송 중에서 '법'이라고 말한 것은 일심법을 말한다. 만일 허망하게 분별하면 마음 바다를 움직이게 하니, 일어나거나 멸하는 일체의 모든 상이 다 분별로부터 지어지지 않은 것이 없다. 만일 본각의 본래 고요한 문에 의한다면 모든 분별을 벗어나 있기 때문에 이 법은 생멸하는 것이 아니니, 본래부터 모든 분별을 없애어 생멸의 인이 없기 때문에 생멸하는 것이 아님을 말한다.[107]

무덤에서의 경험에서 알 수 있는 것처럼 원효는 일심을 이루면 모든 것에서 구속됨이 없이 자유자재의 상태에 이름을 절감했습니다. 이 깨달음을 통해 우선 자신의 생각을 완전히 정리·체계화할 수 있는 결정적인 사상의 전환기를 이루었습니다. 진리는 나 밖에 존재하는 것이 아니라 바로 나의 마음에 있음을 터득하게 된 것입니다.

당나라 때의 고승인 임제는 그의 어록 『임제록』에서 자신의 철학을 전개하고 있는데 그 골자는 "평상심시도(平常心是

106) 원효(저)·은정희(역주), 『금강삼매경론』, p.510.
107) 위의 책, p.511.

道) 즉 평상심이 곧 도" 라는 것입니다. 이에 대해 마광수 교수는 『운명』이라는 책에서 다음과 같이 분석하고 있습니다.

> 부처의 진리를 찾아 성불을 도모한다든지, 해탈을 위한 궁극적 진리를 발견하려고 노력한다든지 하는 것은 다 미혹된 마음의 소치요, 부질없는 욕심일 뿐이다. 그러므로 무명의 상태란 곧 평상심을 벗어난 상태라고 볼 수 있다. 그래서 임제 선사는 제자들을 가르칠 때 "문득 때리는 방법" 즉 '변타(便打)'의 방법을 많이 썼다. 제자가 불법의 요체가 무엇이냐고 집요하게 물어오면 대답 대신 세게 한방 먹여주는 것이다. 어떤 특정한 정답이나, 이론적으로는 완벽한 해결책 같아 보이지만 실제적으로는 적용이 곤란한 현학적 공리공론에 집착하지 말라는 뜻에서였을 것이다. 또한 "생각하지 말고 감각하라"(맞는 행위는 아픔을 동반하여 육체의 중요성을 새삼 일깨워 주므로)는 의미의 상징적 가르침일 수도 있다.108)

임제의 가르침은 분명합니다. 진리는 우리 삶과 다른 어떤 곳에 있지 않고 바로 나와 함께 있다는 것입니다. 불교의 궁극적인 목적인 '깨달음' 은 결코 삶을 벗어난 곳에서 실현되는 것이 아니라 우리의 삶 속에서 실현되는 것입니다.

이에 대한 임제의 말을 다시 인용해보도록 하죠.

---

108) 마광수, 『운명』(서울: 사회평론, 1995), pp.81-82.

스님께서 대중에게 말씀하셨다.

"도 배우는 이들(道流)이여! 부처님 법은 애써 공부할 것이 없고 그저 평상대로 아무 일 없는 것이다. 똥 싸고 오줌 누며, 옷 입고 밥 먹으며, 피곤하면 눕는다. 어리석은 사람은 나를 비웃겠지만 지혜로운 이는 알 것이다. 옛사람이 말하기를, **'밖으로 공부를 하는 사람은 도대체가 바보들이다'**라고 하였다. 그대들이 어el를 가나 주인공이 되기만 한다면 선 자리 그대로가 모두 참되어서 경계가 다가온다 하여도 그대들을 어지럽히지 못한다. 설령 묵은 습기와 5무간죄의 업보가 있다 하더라도 그것 자체가 큰 해탈 바다가 되는 것이다."[109]

이러한 임제의 언급은 원효의 깨달음의 이치를 정확하게 설명하고 있는 것으로 생각됩니다. 『대승기신론』에 보면 원효의 깨달음을 잘 설명하고 있는 구절이 있습니다.

'진여'라고 말하는 것도 상(相)이 없으니, (이는) 말로써 말을 버리는 언설의 궁극을 뜻한다.[110]

진여는 인간의 본체이자 진리의 궁극을 말하는 것입니다. 그

109) 백련선사간행회(번역), 『임제록·법안록』(서울: 장경각, 2008), pp.49-50.

110) 한자경, 앞의 책, p.97. 言眞如者亦無有相 謂言說之極 因言遣言.

러니 자연히 우리 눈에 보이는 상은 존재할 수 없습니다. 우리 눈에 보이는 것은 언어라는 매개체로 말을 할 수 있지만 진여는 말의 대상이 아닙니다.

> 일체법은 말할 수도 없고 생각할 수도 없기 때문에 '진여'라고 이름한다는 것을 마땅히 알아야 한다.111)

원효는 거창한 말이나 구호보다는 바로 행동으로 자신의 신념과 붓다의 교설을 실천하였습니다. 사실 진리의 실천은 말로써 하는 것이 아닙니다. 진리 자체가 "말할 수도 생각할 수도 없는" (불가설 불가념, 不可說 不可念) 것이기 때문에 진리의 실천 역시 말을 앞세우기보다는 진리가 갖는 그 본성에 맞추어 그냥 일상의 삶 속에서 조용히, 소리없이 이루어져야 합니다. 이러한 점을 원효는 분명히 인식하고 자신의 삶 속에서 진리를 행동 자체로 실천하였던 것입니다.

대상은 그대로 있는데 주관적 의식·판단에 의해 대상이 완전히 다르게 인식되는 것을 보고 그는 진리는 하나 즉 진리는 일미이고 일심임을 깨닫게 됩니다. 마음의 두문인 생멸문(生滅門)과 진여문(眞如門)도 결국 하나로 귀결된다는 '일심이문

---

111) 위의 책, P.98. '當知一切法不可說不可念故名爲眞如'

론'(一心二門論)이라는 사상적 귀결점을 정립하게 됩니다.

중생은 불생불멸의 진여심과 인연 따라 생멸하는 생멸심의 양면을 가질 뿐입니다. 변화하는 생멸의 지평 너머 일체 중생 안에서 하나로 빛나는 광명, 즉 일심이 있는 것입니다.[112]

다음으로 땅막(흙구덩이)에서의 경험·깨달음은 자신이 걸어가야 할 길을 완전히 체득하여 실천하는 계기를 마련했다는 사실입니다. 그는 무명에 사로잡혀 깨침의 순간을 통해 깨달음의 경지에 이르는 것에 대해 『대승육정참회』란 저서에서 적절하게 언급하고 있습니다.

> 긴 (인생의) 꿈도 또한 그러하니, 무명이 마음을 덮어 망녕되어 육도를 짓고 팔고 속을 돌아다니다가, 안으로는 모든 부처님의 불사의(不思議)한 힘을 말미암고 밖으로는 모든 부처님의 대비원력(大悲願力)에 의지하여 믿음과 이해에 가까워지게 된다. **나와 중생이 오직 긴 꿈에 잠자면서 망녕되어 실다운 것이라 헤아리며**, 육진(六塵)과 남녀 두 가지 상에 위배하고 수순하니 이 모두가 내 꿈이요 영영 실다운 일이 아니다. 무엇을 근심하고 기뻐할 것이며, 무엇을 탐욕하고 성낼 것인가.[113]

---

112) 위의 책, p.31(책의 내용을 그대로 인용하지 않고 순서를 바꾸어 강의체로 수정).

113) 원효, '대승육전참회," 원효전서국역간행회(편), 『국역원효성사전서』, 권6(서울: 대한불교원효종원효전서국역간행회, 1989),

그가 무덤에서의 깨달음이 얼마나 자신의 삶과 사상에 큰 영향을 주었는지는 그의 저술의 내용을 통해 분명히 확인할 수 있습니다.

> 입 다물고 그것을 목격한 대장부가 아니고서야 누가 능히 말을 초월한 대승을 논하고 생각이 끊긴 대승에 깊은 믿음을 일으키게 할 수 있겠느냐.114)

> 보살은 일어남이 있다는 것에 대해서도 마음을 내지 않고 일어남이 없다는 것에 대해서도 마음을 내지 않게 한다.115)

> 무생의 반야는 모든 곳에 머무름도 없고, 모든 곳을 떠남도 없어서, 마음이 머무는 곳도 없고 처소에 머무는 마음도 없습니다. 머무름도 없고 마음도 없어서 마음이 일어나거나 머무름이 없으니, 이와 같이 머무는 마음은 곧 일어나거나 머무름이 없습니다.116)

> 보살은 관행이 성취되었을 때 스스로 마음을 관찰할 줄 알아서 이치에 따라서 수행하되, 일어나는 마음이 있지도 않고 일어나는 마음이 없지도 않으며, 또한

---

p.702.
114) 원효, 『대승기신론소·별기』.
115) 원효(저)·은정희(역주), 『금강삼매경론』, p.214.
116) 위의 책, p.253. 無生般若 於一切處無住 於一切處無離 心無住處 無處住心 無住無心 心無生住 如此住心 卽無生住.

행이 있지도 않고 행이 없지도 않다.[117]

이렇게 깨달은 바를 그는 자신만의 깨달음에 귀속시키지 않고 사상과 철학을 정립하여 무명에 빠진 대중들을 위한 참된 교화에 뛰어들게 됩니다. 그는 "본각을 이해할 수 있어야 일체를 널리 교화하여 이롭게 할 수 있다."는 생각을 가지고 생명이 다하는 그날까지 중생교화를 위해 매진하였던 것입니다.

출가에서 깨달음의 단계는 그가 자신의 생각을 정립하는 과정이기도 합니다. 그는 출가를 통해 새로운 나에로의 여행을 시작하였고 깨달음의 과정을 통해 자신의 사상을 완전히 정립하는 계기를 만들었습니다.

3. 요석공주와의 만남과 봉황사의 절필 : 대중교화의 길(사상의 실천기)

모든 삶에는 반드시 '계기'가 있습니다. 삶은 늘 요동치고 파도를 타고 바람이 이는 와중에 놓여 있습니다. 숱한 번민·고뇌들이 삶과 동반합니다. 내일의 운명을 예측하기 힘든 것이 인

117) 위의 책, p.214. 菩薩觀行成就之時 知自觀心 順理修行 非有生心 亦非有行 亦非無行.

간이기에 사람은 오늘에 충실하면서 내일을 도모할 뿐입니다.

1 요석공주와의 만남

원효에게 있어서 요석공주와의 만남은 땅막에서의 깨우침과 더불어 삶의 중요한 '계기'를 조성하는 큰 사건이었습니다. 불과 사흘간의 짧은 인연이었지만 그의 인간적 면모를 느낄 수 있는 사건이었습니다.

『삼국유사』는 이때의 일을 다음과 같이 전하고 있습니다.

> 대사가 어느 날 일찍이 상례를 벗어난 행동을 하며 거리에서 노래를 불렀다. "그 누가 내게 자루 없는 도끼를 주려는가, 내가 하늘을 떠받칠 기둥을 찍어보련다." 사람들은 모두 그 의미를 알지 못하였다. 이때 태종 무열왕이 그 말을 듣고는 말하였다. "이 대사가 아마 귀한 부인을 얻어 어진 아들을 낳고 싶어 하는 것 같구나. 나라에 위대한 현인이 있으면 그 이로움이 막대할 것이다." 이때 요석궁에 과부 공주가 있었다. 왕은 궁리(宮吏)를 시켜 원효를 불러오게 하였다. 궁리가 왕명을 받들어 원효를 찾아보니, 이미 남산을 거쳐 문천교를 지나고 있었다. 원효는 궁리를 만나자 일부러 물 속에 빠져 옷을 적셨다. 궁리는 원효를 요석궁으로 인도하여 옷을 말리고 그곳에서 머물고 가게 하였다. 공주는 과연 태기가 있어 설

총을 낳았다.118)

사랑을 모르고 어찌 삶을 논할 수 있고 특히 사상과 철학을 말할 수 있겠습니까? 사랑은 남녀 간에 미묘한 감정교환이 있게 됩니다. 사랑 속에는 세상의 모든 점이 다 포함되어 있습니다. 열정, 환희, 기쁨, 극치, 그리움, 미움, 증오, 애닯음, 상처, 아픔 등 관계의 대파노라마가 전개되는 것이 바로 사랑입니다.

사랑을 모르면 진정한 사상과 철학을 하기 어렵습니다. 미묘한 그 결합, 교제를 절절히 느끼는 것이 바로 사랑입니다. 그래서 사랑은 심리학의 가장 대표적인 주제이자 철학의 가장 대표적인 징표입니다. 만약 원효가 요석공주를 통한 일탈적인·파계적인 사랑이 없었다면 "열정적인 인간이해와 세계인식의 과정"은119) 불가했을 것입니다.

요석공주와의 이야기 이후 그는 소성거사라 스스로 칭하고 누구도 흉내내기 어려운 대중교화의 길을 걸어갔습니다. 이후 그는 "일체의 허위와 가식이 없는 벌거숭이 인간의 모습, 적나라한 인간의 모습"으로120) 일관해서 살아갈 수 있었습니다.

어디에도 걸림이 없고 구애 받음이 없이 마음이 가는 대로

---

118) 일연(지음)·김원중(옮김), 앞의 책, pp.458-459.
119) 고영섭, 앞의 책, p.94.
120) 위의 책, p.119.

그는 자유자재로 행동하였습니다.

2 분황사에서의 절필

그는 분황사의 서재에서 '화엄경소'를 집필하고 있었습니다. 『화엄경』의 '제4 십회향품'을 풀고 있는데 도저히 그 자리에 앉아 있을 수 없었습니다. 열 가지 회향의 내용 전부가 중생지심에 의한 실천행이었던 것입니다. 십회향의 내용 자체가 수행의 결과를 중생에게 돌리는 10가지 행위인지라 원효에게 큰 울림을 주었던 것으로 보입니다.

원효가 당시 읽으면서 큰 감동을 주었을 것이 분명한 『화엄경』의 '제4 회향품'의 몇몇 내용을 소개하도록 하겠습니다.

> 불자들이여, 무엇을 보살 마하살의 모든 곳에 이르는 회향이라 하는가.
>
> 보살 마하살이 모든 선근을 닦을 때 이런 생각을 한다. "원컨대 이 선근 공덕의 힘으로 모든 것에 이를지이다. 이를 테면 실제에 이르지 못한 곳이 없어서 모든 물건에 이르고, 모든 세간에 이르고, 모든 중생에 이르고, 모든 국토에 이르고, 모든 법에 이르고, 모든 허공에 이르고, 모든 삼세(三世)에 이르고, 모든 유위(有爲)와 무위(無爲)에 이르고, 모든 언어

와 음성에 이르듯이 이 선근도 그와 같아서 모든 여래의 처소에 두루 이르러 삼세의 모든 부처님께 공양한다. 과거의 부처님들은 소원이 가득 차고, 미래의 부처님들은 장엄을 구족하고, 현재의 부처님과 국토와 도량에 모인 대중들은 모든 허공과 법계에 가득하다. 이는 믿고 이해하는 큰 위력 때문이며, 광대한 지혜에 걸림이 없기 때문이며, 모든 선근을 남김없이 회향하기 때문이다. 천상의 것과 같은 온갖 공양거리로 공양하여 한량없고 끝이 없는 세계에 충만할지이다.[121]

또 부처님들의 큰 신통력을 섭수하나니 한량없는 선근을 성취하기 때문이며, 부처님들의 힘과 무외(無畏)를 섭수하나니 한량없는 믿음을 내어 온갖 것에 가득하기 때문이며, 보살들의 삼매(三昧)와 변재(辯才)와 다라니문을 섭수하나니 무이법을 잘 비추어 알기 때문이다. 부처님들의 선교방편(善巧方便)을 섭수하나니 여래의 큰 신통력을 나타내기 때문이며, 삼세의 모든 부처님이 탄생하고 성도하고 설법하여 중생을 교화하고 열반에 드는 것을 섭수하나니 공경 공양하여 두루하기 때문이며, 시장의 모든 세계를 섭수하나니 불세계를 청정하게 장엄하여 구경에 이르도록 하기 때문이며, 모든 광대한 대겁(大劫)을 섭수하나니 그 가운데 출현하여 보살행을 닦아 끊어지지 않게 하기 때문이다.[122]

---

121) 최호(역주), 『화엄경』(서울: 홍신문화사, 2007), pp.81-82.
122) 위의 책, pp.82-83.

보살 마하살이 여러 선근으로 이와 같이 회향하면 모든 부처님들의 마음에 합당하며, 모든 불국토를 청정히 장엄하며, 일체 중생을 교화하여 성취하며, 모든 불법을 구족하게 받아 지녀 일체 중생의 으뜸가는 복전(福田)이 되며, 모든 상인(商人)의 지혜로운 길잡이가 되며, 일체 세간의 청정한 해가 되어 날날의 선근이 법계에 충만하며, 일체 중생을 다 구호하여 모든 공덕을 청정하게 갖추도록 한다.[123]

불자들이여, 보살 마하살이 이와 같이 회향할 때 모든 부처님의 종성을 보호 유지하며, 일체 중생을 성숙시키고 모든 국토를 청정케 하며, 모든 업을 무너뜨리지 않고 모든 법을 잘 알고 모든 법이 둘이 없음을 똑같이 살피며, 시방세계를 두루 다니고 탐욕을 떠난 실제를 통달하며, 청정한 믿음과 이해를 성취하고 밝고 예리한 감관을 갖추게 되니, 이것이 보살 마하살의 온갖 곳에 이르는 넷째 회향이다.[124]

이러한 구절을 읽었을 때 원효의 생각을 어렴풋이나마 알 것 같습니다. 필자도 이 구절들을 읽을 때 온몸에 전율이 일어났는데 한국의 대사상가인 원효의 그 심정은 과연 어찌하였을까요? 원효는 이러한 깨침으로 수많은 부락을 돌아다니면서 노래하고 춤을 추며 교화하는데[125] 자신의 모든 것을 바쳤습니다.

---

123) 위의 책, p.84.
124) 위의 책, p.84.

이로써 그는 전쟁으로 상처 입은 민중들을 불도의 힘으로 어루만져주고 감싸주었습니다. 그래서 그는 참된 무애행을 통해 민중들이 당하는 그 심연의 고통을 덜어주기 위해 최선을 다했다. 『법화경』 제3 비유품에 보면 다음과 같은 구절이 있습니다.

> 생로병사 등 여러 가지 근심걱정.
> 이러한 불길들이 맹렬하게 타고 있네.
>
> 3개의 불타는 집 나는 이미 벗어나서
> 고요하고 한가하게 산림 속에 있노라.
>
> 지금 이 세상(三界)이 모두 다 내 것이요.
> 그 가운데 있는 중생 모두 나의 아들이라.[126)]

당시 원효가 생각하고 있는 바가 바로 위의 구절의 내용이었을 것입니다. 원효의 생각과 행동을 보면 바로 지행합일의 정신을 그대로 느낄 수 있습니다. 철학의 기본명제는 바로 현실의 학입니다. 현실을 바르게 하지 않으면, 현실 속에서 신음하고 있는 민중의 고통을 외면하는 철학은 올바른 철학이 아닙니다. 철학자는 그래서 늘 현실을 인도하는 문제·모순을 극복하는데 모든 열정을 다 바쳐야 합니다.

---

125) 일연(지음)·김원중(옮김), 앞의 책, pp.479-480.
126) 이민수(주해), 『법화경』(서울: 홍신문화사, 2006), p.100.

그는 지식에 머물고 지식에 안주하는 탁상공론을 일삼는 그러한 사이비 지식인이 아니었습니다. 그는 자신의 철학을 기초해서 민중과 호흡하고 민중과 기뻐하고 함께 슬퍼했던 참다운 지식인·철학자의 전범이었습니다.

지금까지 살펴본 원효의 생애를 저 나름대로 종합적으로 평가해보도록 하겠습니다.

첫째, 원효는 우리 역사사상 가장 역동적인 격변의 시기였던 삼국의 통일기에 태어나 살았습니다. 그의 삶은 시대를 통괄하는 사상으로 시대를 풍미했습니다. 그는 시대를 이끄는 사상의 정립을 통해 시대를 밝히는 등불의 역할을 하였습니다.

둘째, 그는 일생동안 자신이 몸담고 있던 조국 신라의 안정과 평안을 위해 헌신하였습니다. 자신의 안위·행복보다는 민중의 안위·행복을 중요시 여기고 자신이 설정한 사상을 가지고 민중교화에 모든 것을 바쳤습니다. 그는 온몸을 던져 철학자·지식인의 참된 길을 보여주었습니다.

셋째, 그는 그 어떤 굴레, 규칙, 관습에 얽매이지 않고 자신의 신념에 따라 삶을 영위했습니다. 인간이 어떻게 살아야 하는가? 어떤 길을 걸어가야 하는가? 라는 물음에 그는 해답을 제공해 주고 있습니다.

인류의 성자인 소크라테스는 아테네 법정에서 행한 말은 원효의 삶 자체와 일치하고 있습니다. 소크라테스의 말을 인용하도록 하죠.

> 조금이라도 훌륭한 사람은 죽느냐 사느냐 하는 위험을 헤아려서는 안 됩니다. 그는 어떤 일을 하면서 오직 올바른 행위를 하느냐 나쁜 행위를 하느냐 하는 것만 고려해야 합니다.127)

넷째, 원효의 삶은 결코 평범한 삶이 아닙니다. 그 역경과 시련의 삶 속에서 그는 자신을 깨치고 자신의 사익·사심을 버리고 '어린아이'와 같은 정결하고 순수한 마음으로 인간·역사세계를 보았고 학문을 정초하였습니다.

어린아이는 그 어떤 선입견이나 편견을 가지고 있지 않습니다. 그래서 어린아이의 행동은 자연스럽고 해맑습니다. 그런데 훈습에 물들고 무명에 휩싸인 어른들은 가식과 위선과 교만으로 가득 차 있습니다.

그래서 대부분의 선철들은 어린아이의 모습으로 돌아가야 한다고 강조하고 있습니다. 예수가 "너희가 어린아이처럼 솔직해지지 않으면 결단코 하늘 나라에 들어갈 수 없다."고 한 것은 어찌 우연이겠습니까?

천재사상가인 니체(Nietzsche) 역시 『차라투스트라는 이렇게

---

127) 플라톤(저)·황문수(옮김), 『소크라테스의 변명』(서울: 문예출판사, 2007), p.31.

말했다』의 '세 단계의 변화에 대하여' 란 글에서 어린아이에 대해 다음과 같이 언급하고 있습니다.

> 아이는 순결이요 망각이며 새 출발이요 유희이며, 스스로 돌아가는 바퀴요 최초의 운동이며, 신성한 긍지이다.

어린아이의 절대수순함과 해맑음으로 전 삶을 거침없이 자유롭게 살다가 간 원효의 삶을 보면서 우리는 인간이 어떤 심성을 가지고 어떤 마음자세로 살아가야 옳은 길인지를 절감하게 됩니다.

3부 원효의 세계관과 정치사상

원효 강의

6강 원효의 세계관

원효의 사상과 철학에 대한 본격적인 부분에 이르렀습니다. 사실 원효의 사상을 하나의 틀로 규정짓기에는 그 폭과 넓이 그리고 깊이가 너무 넓고 깊습니다. 그리고 하나의 불교적 종파로 한정지어 설명하는 것도 원효사상에 대한 올바른 정의가 아니라고 생각합니다.

원효사상을 혹자는 화쟁사상, 화엄사상, 일심사상 등으로 규정합니다. 그러나 이러한 규정은 원효가 지니고 있는 광대하고 무애(無碍)하고 자재(自在)한 그의 사상성에서 볼 때 제대로된 규정이라고 할 수 없습니다.

그가 꿈꾸었던 사상의 목적지는 바로 "모든 분별을 초월해 있어서 막힘도 걸림도 없는 세계"[128]였습니다. 즉 그는 모든 상대적인 대립과 분별의 세계를 뛰어넘는 진정한 깨달음의 세계를 추구하였습니다.

그는 『화엄경소』에서 다음과 같이 언급하고 있습니다.

---

128) 김도공, "원효, 그 깨달음의 사상체계," 불교전기문화연구소(편), 『원효사상의 현대적 조명 Ⅰ』(서울: 불교춘추사, 2006), p.186.

> 움직이지도 고요하지도 않으므로 생사가 열반이고 열반이 생사이다. 하나도 아니고 많음도 아니므로 일법이 일체법이고 일체법이 일법이다. 이러한 무장무애의 법은 법계 법문의 요술을 지으니 모든 보살이 들어갈 바이고, 삼세제불이 나오는 바이다.129)

과연 이 말이 뜻하는 바는 무엇입니까? 정말 철학의 진수를 보여주는 것이라고 할 수 있습니다. 원효사상·철학을 제대로 이해하기 위해서는 철학의 진수 즉 철학의 본령(本領)에 대한 이해가 필요합니다. 여기서 본령이란 근본이 되는 큰 줄거리나 요점을 말합니다. 그런데 이 철학의 본령은 지식으로써 터득되는게 아닙니다. 아무리 내가 말해도, 피를 토하듯이 절규해도 내면화되는 것이 아닙니다. 자기 스스로 느껴야 합니다.

어느 날 깨침의 순간이 와서 자기가 느끼지 않으면 절대로 체득될 수 있는 것이 아닙니다. 그러나 말하고자 합니다. 철학의 아버지라고 칭해지는 소크라테스가 '무지의 지'라는 철학의 본령을 아무리 거리에서, 강당에서 수없이 목이 터져라 말했지만 결국 독배를 마시고 죽었습니다. 그는 철학, 진정한 철

129) 원효, '화엄경소', 한국불교전서편찬위원회(편), 『한국불교전서』, 제1책(동국대학교 출판부, 1979), p.495. 不動不靜 故生死爲涅槃 涅槃爲生死 不一不多故一法是一切法一切法是一法 如是無碍無碍之法 乃作法界法門之術 諸大菩薩之所入也 三世諸佛之所出也.

학은 바로 무지(無知)에서 출발한다고 역설하였습니다. 즉, 무지의 자각에서 철학이 성립될 수 있다고 했습니다. "너 자신을 알라" 는 것이 바로 소크라테스가 말하는 무지의 지입니다.

무지의 지

무지의 지(無知의 知)에 대한 정확하고 올바른 이해없이는 결코 원효의 세계관 및 사상을 "절대로" 이해할 수 없습니다. 그래서 원효의 사상을 제대로 파악하기 위해 무엇보다 무지의 지가 무엇인지에 대해 설명하고자 합니다.

소크라테스의 무지의 지에 대해 김계숙 교수는 다음과 같이 명철하게 설명하고 있습니다.

> 소피스트는 보편적인 진리를 부인하였으나, 소크라테스에게 있어서는 진리, 따라서 진정한 지식을 위한 분투 그 자체가 '철학'이었으며, 따라서 소크라테스는 모든 사물의 '본질'을 탐구하였던 것이다. 소크라테스에게 있어서는 그것은 '자기인식'이었으며, 그것은 또 무지에서의 출발, 아니 무지의 자각에서 출발한다고 하였다. 따라서 소크라테스의 말로서 많이 전하여진 '너 자신을 알아라'하는 것이 곧 이것이었다. 이 말은 원래 델피(Delphi)의 아폴로(Apolo)신

전에 있는 구절이었다.130)

왜 소크라테스는 철학의 본질이 자기인식에 있고 자기인식은 무지의 자각에 있다고 했습니까? 이 의문을 알면 사실 철학을 다한 것이라고 해도 과언이 아닙니다. 왜냐하면 **무지의 자각이 바로 철학의 출발이자 완성**이기 때문입니다. 원효는 이 무지의 자각을 완전히 체득했기 때문에 화쟁사상, 일심사상, 일미사상을 창조할 수 있었습니다.

이 무지의 자각에 대해 좀 더 언급하도록 하죠. 김계숙 교수의 설명을 좀 더 길게 인용하도록 하겠습니다. 중요한 용어라 무지의 지에 대한 설명을 보다 진척하도록 하겠습니다. 중언하지만 무지의 지가 뜻하는 바를 정확히 이해하지 못하면 원효에 대한 공부는 아무런 의미도 없고 원효사상의 본질에 대한 이해는 불가합니다.

> 소크라테스는 모든 것에 대한 가장 확실한 개념을 얻기 위하여 가장 의심 없는 명확한 것에서부터 시작하여 귀납적으로 규명하였다. 즉 귀납적 논증과 함께 보편 개념적 확립은 아리스토텔레스가 인정한 것과 같이 소크라테스의 두 방법이었으며, 또 이것이야말로 소크라테스의 독특한 방법 즉 소크라테스

130) 김계숙, 『서양철학사(개고신판)』(서울: 일조각, 1991), pp.64-65.

> 방법이었다. 소크라테스는 이 방법에 의하여 진리를 탐구하기 위하여, 아니 모든 사람으로 하여금 '대화' 가운데서 각자의 지식의 결함과 함께 각자의 무지를 자각시킴으로써 새로운 진리의 이해를 촉진시키는 것이 그 목적이었다. 여기에서 소크라테스는 상대자가 가지고 있는 참다운 것을 발견하여 그것을 발휘시키도록 함으로써, 일보 일보 더 확실한 지식, 즉 개념적인 이해에 까지 이르게 하는 것이 그 방법이었으며, c| 방법을 그 어머니의 직업에 비하여 산파술이라고 하였다. 여기에서 소크라테스는 지식을 자랑하며, 그것을 악용하며, 그것으로 처세하는 법을 가르치는 소피스트에게 반대함으로써, 사물에 대한 '지식'보다도 '문제설정'을 중요시하는 동시에 그 방법의 활용에 치중하였다. 이것이 소크라테스가 소피스트와의 다른 점이며, 그 의미에서 '철학'을 건설하려고 한 최초의 사람이었다.[131]

과연 이 무지의 지라는 것이 무엇을 말하는 것입니까? 이것을 절실히 체화시키지 않으면 자기만의 사상·철학을 만들 수 없습니다. 1860년 최제우가 동학사상·철학을 만든 이후 진실로 '무지의 지' 가 지니는 의미를 절절히 깨달은 이는 없습니다. 그래서 한국은 현재 사상과 철학의 무풍지대입니다.

무지의 지는 "아무 것도 알지 못함을 아는 것 자체가 진실

---

131) 위의 책, p.65.

한 앎을 아는 것" 이라는 뜻입니다. 과연 이 말이 무슨 말입니까? 이 무지의 지를 정말 처절하게 인식했던 이가 붓다고 소크라테스고 니체입니다. 인도의 신비주의 철학자 크리슈나무르티가 '앎으로부터의 자유' 를 역설한 것은 우연이 아닙니다.

한국에서 이 무지의 지가 지니는 그 참된 의미를 깨닫고 자기만의 철학과 사상을 구축·설파한 이가 바로 '원효' 입니다. 과연 무지의 지는 무엇입니까? 무지의 지론이 왜 철학의 본령이라고 합니까? 과연 원효의 사상이 왜 무지의 지라는 원칙 위에 세워진 철학이라고 합니까?

이러한 무지의 지를 스스로 체화하는 것은 매우 어렵습니다. 무지의 지는 말로써 아무리 말해도 거의가 다 실천하지 않습니다. 이 무지의 지는 그 뜻하는 바를 정확히 아는 이는 참된 사상가의 반열에 이르게 될 것입니다.

붓다는 남과 싸우지 않았습니다. 남과 다투지 않았습니다, 자신의 교설을 말할 뿐이었습니다. "여래는 다툼이 없다." 고 한 『열반경』의 구절은 바로 붓다의 생각 그대로입니다. 불교는 논쟁을 초월합니다. 이것은 불교의 근본입장입니다. 그럼에도 불구하고 심지어 불교신자나 성직자 가리지 않고 왜 사람들은 다투고 논쟁하고 다툽니까?

이에 대한 원효의 입장을 최유진 교수는 다음과 같이 언급하고 있습니다.

> 원효에 의하면 사람들이 논쟁을 하는 것은 기본적으로 번뇌에 빠져 있기 때문이다. 번뇌에 빠져 있기 때문에 단정을 하게 되고, 자기자신의 견해에 사로잡혀서 자신만이 옳다고 주장하며 싸우게 된다.[132]

서로 자기만 옳다고 고집하면서 남과 다투는 현상에 대해 원효는 다음과 같이 말하고 있습니다.

> 제불석존은 번뇌가 없는 만큼 단정하는 바도 없다. 이런 까닭에 부처는 무상사(無上士)라 부른다. 또 상사(上士)라 함은 쟁송(爭訟)을 하는 것을 이름이요, 무상사는 쟁송이 없다. 여래는 다툼이 없다. 그러므로 부처는 무상사라 부른다.[133]

물론 사안에 대해 시시비비를 가리는 것은 당연한 일입니다. 그러나 시시비비를 가리는 것과 다툼은 다릅니다. 시시비비는 내가 옳고 당신은 틀렸다고 양단논법식으로 하게 되면 올바른 시시비비가 될 수 없다고 생각합니다. 물론 시시비비가 다툼으로 연결되고 분쟁과 심지어 전쟁으로 가는 경우도 있습니다. 그러나 보통의 사안에 따른 시시비비는 하나의 견해의 차이에

---

132) 최유진, "원효의 화쟁에 대하여," 불교전기문화연구소(편), 『원효사상의 현대적 조명 Ⅰ』(서울: 불교춘추사, 2006), p.196.
133) 원효, '본업경소,' 한국불교전서편찬위원회(편), 『한국불교전서』, 제1책(동국대학교 출판부, 1979), p.516.

불과합니다. 시시비비는 전체를 아우를 수 있는 의견의 총합체가 아닙니다.

공자도 노자도 다들 '부쟁'(不爭)의 원리를 강조하고 있습니다. 철학은 정답도, 길도, 해답도, 옳음도, 틀림도, 바름도, 그름도 사실상 없다고 할 수 있습니다. 즉 철학은 분별지를 넘을 때 가능합니다. 이 분별지는 어디서 옵니까? 바로 '지'(知)에서 옵니다. 내가 배운 것, 내가 습득한 것이 나의 육신을 덮습니다. 그러면 거기서 자기만의 인식체계, 사유구조가 생기게 됩니다. 여기는 이성의 작용이 강렬하게 작용합니다. 이것이 근대적 주체이고 이성적 주체입니다.

이러한 지식을 기초한 이성적 주체는 신념을 낳고 의지를 낳고 자기만의 세계관을 구축하게 합니다. 그런데 이 이성적 주체에 의한 인식·세계관은 나와 타인 간의 공감을 허물어 뜨리게 하고 '나'란 주체를 통해 세상과 타인을 재단하려고 합니다. 여기서 아상(我相)이 생기고 아집(我執)이 생기고 교만이 생깁니다.

이러한 근대적·이성적 주체를 비판하여 등장한 것이 바로 구조주의자들입니다. 라캉, 소쉬르, 들뢰즈, 벤야민 등 유럽의 현대철학자들이 여기서 나온 것입니다.

이에 대해 원효는 『십문화쟁론』에서 다음과 같이 말하고 있습니다.

> 부처가 세상에 있었을 때는 부처의 원음(圓音)에 힘입어 중생들이 한결같이 이해했으나 … 쓸데없는 이론들이 구름 일어나듯 혹은 말하기를 **나는 옳고 남들은 그르다 하며, 혹은 말하기를 나는 그러하나 남들은 그러하지 않다고 주장하여** 드디어 하천과 강을 이룬다. … 유(有)를 싫어하고 공(空)을 좋아함은 나무를 버리고 큰 숲에 다다름과 같다. 비유컨대 청(靑)과 남(藍)이 동체(同體)이고 얼음과 물이 같은 원천이며 거울이 만 가지 형태를 다 용납함과 같다.134)

과연 어떤 사안에 대해 옳다고 하는 것은 모든 사람들을 설득할 수 있을 정도로 절대성과 보편성을 가지고 있을까요? 가치에 있어서 우리는 절대적, 보편적 가치라는 말은 종종 쓰지만 견해에 있어서 우리는 절대적, 보편적 견해라는 말은 잘 쓰지 않습니다. 이는 사안에 따라 너무나 다양한 의견과 견해들이 있기 때문입니다.

그래서 그는 화쟁의 방법으로 "동의도 하지 않고, 이의도 제기하지 않고 설한다."고135) 말하고 있는 것입니다. 이 구절

134) 원효, "십문화쟁론," 한국불교전서편찬위원회(편), 『한국불교전서』, 제1책(동국대학교 출판부, 1979), p.638.
135) 원효, "금강삼매경론," 한국불교전서편찬위원회(편), 『한국불교전서』, 제1책(동국대학교 출판부, 1979), p.638. 非同非異而說.

들에 대해 최유진 교수는 다음과 같이 비교적 설득력있게 잘 설명하고 있다.

> 번뇌 때문에 어느 것이 옳다, 또는 그르다하고 단정하여 싸움을 하게 된다. 그러므로 번뇌가 없는 부처는 다툼이 없는 것이다. **다툰다는 것 자체가 번뇌가 있는 증거가 된다. 따라서 다툼이 없어야만 이상적 경지에 들어갈 수가 있는 것이다.** 다툼이 있다는 것은 그 자신 부처의 진리를 잘못 알고 있는 것이기 때문이다. 번뇌가 없어야 다툼이 없고, 다툼이 있다면 그 다툼을 없앰으로써 부처의 올바른 진리를 드러낼 수가 있는 것이다.136)

이처럼 무지의 지를 터득하면 남과 다투지 않고 도리어 나의 것을 비웁니다. 나의 부족함을 알 때 채워지고 배워집니다. 상대에 대해 존경심을 가지면 의심이 없어집니다.

여기서 무지의 지가 지닌 철학적 의미를 규명하기 전에 우선 지의 지와 무지의 지 간의 차이점을 밝히도록 하겠습니다. 둘을 비교해보면 확연한 차이점이 남을 알 수 있습니다. 철학적 견지에서 보면 무지의 지는 단계를 통해 정립됩니다.

첫 번째 단계는 '지(知)의 무지(無知)'의 단계입니다. 이 단계는 앎에 대한 무지로 한 마디로 백지상태를 말합니다. 두

---

136) 최유진, 앞의 글, p.197.

번째 단계는 '지(知)의 지(知)'의 단계입니다. 이 단계는 배움이나 경험으로 인해 알고 있는 상태를 말합니다. 보통 교육과정을 거친 일반인이나 학자들의 형상이라고 할 수 있습니다.

세 번째 단계가 여기서 말하는 바로 '무지(無知)의 지(知)'의 단계입니다. 이 단계는 누구나 이룰 수 있는 단계가 아닙니다. 이 단계에 이른 사람을 우리는 흔히 성인, 초인, 신선, 각인, 진인 등으로 표현합니다. 이 단계에 이른 역사상의 인물을 지적하면 붓다, 예수, 소크라테스, 원효 등을 들 수 있습니다. 무지의 지 단계는 불교에서 말하는 여래의 경지라고 할 수 있습니다.

그럼 우선 **'지의 지'**는 어떤 상황인지 설명해보도록 합시다. 첫째, 지의 지의 차원에 있는 사람은 주로 나의 지식과 경험에 포로가 되어 있습니다. 나의 지식과 경험이 올바른, 그것도 유일한 올바른 것으로 인식할 개연성이 매우 높아 종국적으로 그가 체득한 경험과 정립된 인식에 사로잡혀 있게 됩니다.

둘째, 지의 지는 자연스럽게 남들과 논쟁하고 결코 자신의 의견, 인식, 견해의 옳음을 끝까지 강변하게 됩니다. 보통 지의 지에 머문 이의 경우 말함에 있어서 날이 서있고 토론과정에 주변을 긴장상태로 몰고 가는 경향이 농후합니다.

셋째, 지의 지는 이러한 경향으로 인해 자기와 다른 사고와 견해 및 주장에 대해서는 잘 수용하지 않는 경향이 있습니다.

나의 생각, 나의 경험, 나의 지식, 나의 주장이 그 어느 누구보다도 옳고 바른 것이라고 하는 확고부동한 생각이 있기에 자기의 생각, 주장, 견해와 다른 경우 결코 타협을 하지 않습니다. 자연스럽게 다툼이 있고 갈등이 있기 마련입니다. 학자들이 그것도 고명한 학자일수록 남들과 다른 주장을 가지고 다투는 것은 이들이 바로 지의 지에 머물고 있기 때문입니다.

넷째, 지의 지는 반드시 시시비비를 촉발합니다. 지의 지는 극단만이 존재합니다. 나와 너의 주장이 다를 경우 조화나 화해나 화합은 일종의 교과서 속의 말에 불과하고 현실에서는 구두탄에 불과합니다. 실제로는 지의 지는 시비심을 일으켜 나의 주장의 정당성과 옳음을 강변하는 방향으로 나아가게 됩니다.

마지막으로 지의 지는 불교에서 말하는 아상과 아집을 일으켜 나르시시즘(Narcissism)이라는 자기애(自己愛)로 빠져 자기도취와 교만으로 이어지게 합니다. 이 세상에는 꼭 같이 닮은 이는 단 한 사람도 존재하지 않는 것처럼 의견이나 주장도 너무나 다양합니다. 지의 지는 이러한 다양성을 부정하고 자기에 대한 몰입성을 강화하여 자기(ego) 혹은 자기견해에 빠지는 우를 범하게 됩니다.

이에 반해 **'무지의 지'** 는 어떤 상황인지 알아보도록 하겠습니다. 우선, 무지의 지는 남들과 논쟁하지 않습니다. 논쟁은 자신의 이론을 강화하고 자신의 주장의 부족한 점을 깨치는 계기를 조성하여 그 필요성이 강조되고 있긴 하지만 그것은 지식의 차원에서 생각할 수 있는 것입니다. 무지의 지의 단계에 있는 이들은 결코 남들과 논쟁을 하지 않습니다.

둘째, 무지의 지의 형성은 바로 '바다'와 같습니다. 바다는 지상의 모든 것을 아무런 말없이 그냥 받아들입니다. 바다는 이 지상 최대의 큰 그릇입니다. 그러하기에 바다는 넓고 깊고 큽니다. 예수, 붓다, 원효, 소크라테스가 바로 바다와 같습니다. 무지의 지는 이러한 바다의 형상을 하고 있기에 그 누구보다도 넓고 그 누구보다도 높고 그 누구보다도 깊습니다.

셋째, 무지의 지는 늘 소통합니다. 무지의 지는 텅빈 상태입니다. 배운 지식, 체득된 경험은 무지의 지로 하여금 보다 더 겸허함으로 무장하게 합니다. 우리 인간이 배운 지식, 터득한 경험이라는 것이 과연 얼마만큼의 양일까요? 솔직히 티끌도 되지 않습니다. 그런데 사람들은 그 지식, 그 경험으로 인해 자기 인식과 세계관을 세우고 남들과 다투고 날을 세웁니다. 그러나 무지의 지는 지의 지 단계를 넘어 나 자신의 부족함을 절감한 단계입니다. 지식과 경험에서 오는 교만을 극복한 상태가 바로 무지의 지입니다. 비워져있으니 남들과 소통합니다. 채워있다고 생각하면 남을 받아들일 수 없습니다. 그래서 무지의 지는 포용력을 발휘하고 소통을 강화합니다.

넷째, 무지의 지는 남들과 시시비비를 하지 않고 시시비비를 초월합니다. 시시비비를 하는 것 그것이 정의로 옳음이라고 생각하지만 그러한 생각은 지의 지의 단계에서 볼 수 있는 것입니다. 이 세상사는 시시비비로 양단하기에는 너무나 많은 변수가 있고 다양성이 있습니다. 그래서 무지의 지는 남들과 시시비비에 빠지지 않습니다. 오직 나와 자연, 나와 초월자와의 관계를 통해 자신의 깨침을 추구할 뿐입니다.

다섯째, 무지의 지는 그 어떤 걸림이 없습니다. 무지의 지는 자신이 모르고 있다는 사실을 인정하고 실제로 자신이 아는 것이 별로 없다는 사실에 큰 위안을 삼습니다. 지의 지는 얄팍한 지식과 경험으로 인해 수많은 걸림이 생깁니다. 자신이 얻은 그 지식과 경험을 버리면 자유가 보이는데 그 지식과 경험에 안주해 있으니 타인과 충돌을 일삼고 타인을 평가하고 타인의 언행에 비판하는 것입니다.

그러나 무지의 지에 이르면 남의 언행은 문제가 되지 않습니다. 오직 문제가 되는 것은 나 자신이 어떻게 하면 진정한 자유의 경지에 이를 수 있는가? 라는 문제입니다. 무지의 지는 자유자재한 걸림이 없는 삶을 영위합니다. 누가 무엇이라고 해도 거기에 개의치 않고 살아갑니다. 관조하면서 삶을 영위하기에 진정으로 자유의 상태에 놓이게 됩니다. 무지의 지가 바로 그러한 절대자유의 경지를 말합니다.

원효가 『대승기신론소』에서 의혹과 사집의 제거를 강조하고 있는 것은 결코 우연이 아닙니다. 진리터득은 오직 지행(止行)과 관행(觀行)이 필요하다는 원효의 말은[137] 이러한 배경이 있는 것입니다.

여기서 '지'란 모든 경계상을 그치게 함을 말하는 것이고 '관'은 인연생멸상(因緣生滅相)을 분별하는 것을[138] 말합니다. 즉 지는 마음을 가라앉히고 정신을 집중하는 것을 말하고 관은 세계의 참모습을 명료하게 관조하게 하는 것을[139] 말합니다.

무지의 지는 지식으로 인해 생긴 아집·사집을 과감히 제거하는 과정입니다. 나를 비우지 못하면 진정한 깨달음은 없습니다. 나를 채우면 지의 지 단계에 머물게 됩니다. 부처를 죽여야 부처가 된다는 조주 선사의 말이나 붓다가 말하는 중도론이나 도덕경에서 노자가 "도는 비어있어서 쓰거나 혹은 채워지지 않는다."고[140] 한 것이 모두 이에 해당되는 것입니다.

무지의 지가 지니는 그 깊고 오묘한 의미를 깨닫는 이만이 진정 자기 철학과 사상을 정립할 수 있습니다.

인도가 낳은 성자 틸로빠(Tilopa)는 무지의 지를 터득한 이임을 그가 남긴 글을 보면 분명히 알 수 있습니다.

---

137) 보다 정확히 말하면 "지관을 갖추지 않으면 보리의 도에 들어갈 수 없다."이다. 원효(저)·은정희(역주), 『대승기신론소·별기』, p.67.
138) 위의 책, p.366.
139) 최유진, 앞의 글, p.495.
140) 노자, 『도덕경』, 4장. 道沖而用之或不盈.

언어로써 공(空)을 설명하지만
공은 결코 언어 따위로 표현되어지지 않는다.
"마음이여, 눈부신 빛이여"라고 우리는 말한다.
그러나 마음은 모든 언어와 상징을 넘어서 있다.
마음이여, 텅 빈 이 거울이여,
모든 것이 텅 빈 그 속에 있고,
텅 빈 그것은 모든 것 속에 스미어 있다.141)

남의 지식을 자기의 것으로 치장하여 떠들어 대는 사람들, 얄팍한 지식 자랑하면서 자기를 포장하는 사람들 이들은 진정한 철학자가 아닙니다.

진정 철학을 알려면, 진정 깨달음의 단계로 가려면, 진정 자유의 경지에 이르려면, 자기가 배운 것을 버려야 합니다. 성철 스님이 책을 버려라, 붓다가 뗏목도 법도 버려라고 한 것은 우연이 아닙니다. 그것은 실제로 책, 뗏목을 버려라는 것이 아닙니다. 너 자신을 알라는 소크라테스의 절규와 똑 같은 맥락에서 한 말입니다. 즉 무지의 지를 깨우쳐라는 말입니다.

자, 그러면 지금까지 설명한 무지의 지에 대해 요약해서 말하고자 합니다. 첫째, 철학을 하는 이들은, 그리고 깊은 학문을 하고자 하는 이들은 반드시 무지의 지를 깨달아야 합니다.

---

141) 틸로빠(송)·브하그완 슈리 라즈니쉬(강의)·석지현·홍신자(역주), 『마하무드라의 노래 : 인도의 명상과 신비를 통해 깨달음으로 가는 길』(서울: 일지사, 1985), p.102.

지식에 안주하여 그기에 포로가 되지 말라는 것이 바로 무지의 지가 주는 의미입니다.

둘째, 어떤 사안에 대해 옳은 것, 그른 것이라는 자기 판단에서 벗어나야 합니다. "남을 판단하지 말아라, 그러면 너희가 판단받으리라" 고 말한 예수의 말을 볼 때, 예수는 무지의 지를 터득한 진정한 철학자임을 알 수 있습니다.

셋째, 철학에는 정답도 해답도 없습니다. 어떤 사안에 대해 정답을 구하는 이, 해답을 구하는 이 진정한 철학을 하기 어려울 것입니다. 철학은 무지의 지에 따라 끊임없이 탐구하고 또 탐구할 뿐입니다.

마지막 하나의 주장이 있으면 다른 주장이 있고 이러한 양극단은 변증법적 과정을 통해 또 다른 주장을 잉태한다는 사실을 잊어서는 안 됩니다. 나의 주장만이 옳다는 생각 속에 어떻게 철학이 이루어질 수 있겠습니까? 내 주장만이 옳다, 내 것이 절대적이다, 나의 견해가 옳다고 한다면 어찌 바다가 모든 것을 포용할 수 있겠습니까? 그래서 원효는 『금강삼매경론』에서 "같을 수 없는 것은 같으면서 동시에 다른 것이고, 다를 수 없는 것은 다르면서 동시에 같은 것이다." 라고[142] 말하고 있는 것입니다.

---

142) 원효, 『금강삼매경론』. 不能同者 卽同而異也. 不能異者 卽異而同也.

이상과 같은 무지의 지에 대한 철학적 의미를 기초로 하여 원효의 세계관에 대해 알아보도록 합시다. 원효의 세계관은 참으로 다양한 차원에서 살펴볼 수 있습니다. 여기서는 원효의 사상 그것도 정치사상의 분석을 위한 기초로서 세계관을 다루기 때문에 이에 상응하는 세계관만 추려서 다루고자 합니다.

원효의 세계관에는 정치관, 국가관, 인간관, 인생관, 현실관, 자연관, 사생관, 윤리관, 진리관, 언어관, 역사관 등 무수한 것이 있습니다. 이 중에서 나는 그의 인간관과 인생관을 중심으로 해서 다루어 보고자 합니다. 다른 인식체계도 그의 사상을 밝히는데 중요한 기초를 이루고 있지만 여기서는 시간 관계상 인간관과 인생관에 국한해서 설명하고자 합니다.

1. 인간관

인간관이란 인간에 대한 관점과 태도 일체를 말합니다. 순수철학에서의 인간관과 정치사상 및 정치철학에서의 인간관은 완전히 다른 구성내용을 가지고 있습니다. 이에 대해 설명하도록 하겠습니다.

우선 순수철학에서의 인간관은 인간의 본성문제, 인간과 존재(초월자, 절대자, 신 등)와의 관계문제, 인간의 본질과 현상

간의 관계, 존재자의 존재문제 등을 다룹니다.

그러나 정치사상과 정치철학에서 인간관은 순수철학에서의 인간관과는 완전히 다른 면들을 다루고 있습니다. 정치철학에서의 인간관이란 우선 인간 존재의 역할문제 즉 인간 존재의 능동성 및 수동성을 다루고 있습니다. 그리고 인간 존재의 개체·독립성문제, 인간 존재의 평등성 문제 및 개체(인간 존재)와 전체(국가, 민족 등)와의 관계문제 등을 다룹니다.

즉 순수철학에서의 인간관은 "인간존재의 본질"을 다루기 위한 것이고 정치사상과 정치철학에서의 인간관은 "인간존재의 권력관계"를 다루는 것입니다.

정치사상·정치철학에 있어서 인간관은 매우 중요합니다. 우선, 인간관은 면밀히 다루어야만 사상의 실상을 제대로 파악할 수 있습니다. 인간관에 대한 이해 없이 사상의 전체를 파악한다는 것은 어불성설입니다.

그러므로 인간관은 사상 분석·이해를 위한 기초이자 대표적인 개념입니다. 인간문제에 대해 소광희 교수는 다음과 같이 언급하고 있습니다.

> 어느 학문이든 궁극적으로 탐구자 자신을 포함한 '인간'에 대한 연구를 목표로 하고 있다. 목전의 이용후생을 위한 가정학, 경영학, 생리학, 의·약학 등은

> 말할 것도 없고 이공계 과학과 사회과학 인문학도 마침내는 인간이 무엇인가, 무엇이 인간을 위해 도움이 되는가를 알기 위한 사유노력이라고 해서 틀린 말은 아니다.143)

결론적으로 말하면 인간관에서 모든 사상과 철학이 파생된다고 해도 결코 과언이 아닙니다.

1 평등적 인간관

원효의 인간관은 '평등적 인간관' 으로 규정할 수 있습니다. 원효의 평등적 인간관은 붓다의 정신을 계승한 것입니다. 엄격한 골품제라는 신분제에 의해 유지되고 있던 신라사회에서 원효의 평등적 인간관은 매우 파격적인 것으로 인식됩니다. 그는 『법화경종요』에서 "여래의 법신과 여래불성은 일체 중생이 평등하게 소유한 것으로써 능히 일체를 운전하여 함께 본원으로 돌아간다." 고144) 한 것은 그의 평등적 인간관을 그대로 보여주고 있는 것이라고 할 수 있습니다.

모든 이가 붓다가 될 수 있다는 것은 인간의 평등성을 상정

143) 소광희, "영원한 수수께끼, 인간의 자기 인식," 소광희외(공저), 『인간에 대한 철학적 성찰』(서울: 문예출판사, 2004), pp.3-4.
144) 원효, "법화경종요," 원효전서국역간행회(편), 『국역원효성사전서』, 권1(서울: 대한불교원효종원효전서국역간행회, 1987), p.46.

한 것입니다. 무엇보다 일체 중생이 여래법신과 여래불성을 다 스스로 자체에 간직하고 있다는 것은 인간 존재의 개체성과 평등성을 그대로 보여주는 것입니다.

이미 언급한 바와 같이 이러한 원효의 인간관은 붓다의 인간관을 그대로 반영하고 있습니다. 붓다는 "내가 너희를 가벼이 여기지 않는다. 너희들은 다 장차 부처가 되리라"고[145] 말한 바 있습니다.

그의 이러한 인간관은 그의 저서 전반에 걸쳐 계속 표출되고 있습니다.

> 설사 현재는 불이 될 성품이 전혀 보이지 않는 극히 나쁜 사람이라도 그것은 악을 지을 만한 인연 때문에 그렇게 되는 것이지만 불이 될 성품은 본래 가지고 있다.[146]

> 한 부처도 범부가 아니었던 일이 없다. … 한 사람도 부처가 되지 않음이 없다.[147]

> 시끄럽고 시끄러운 사생(四生)들로 하여금 모두

145) 『법화경』, '상불경보살품' 我不輕汝 汝等 皆當作佛.
146) 원효, "열반경종요," 한국불교전서편찬위원회(편), 『한국불교전서』, 제1책(동국대학교 출판부, 1979), p.542.
147) 원효, "무량수경종요," 한국불교전서편찬위원회(편), 『한국불교전서』, 제1책(동국대학교 출판부, 1979), p.561.

무이(無二) 평등한 참 성품에 돌아오게 하고, 어둡고 어두운 긴 잠에서 다 함께 큰 깨달음의 극과(極果)에 이르게 하는 것이다.148)

2 주체적 인간관

주체적 인간관은 인간의 존재자체를 전체의 단순한 부속물로 보지 않는 것을 말합니다. 즉 주체적 인간관은 인간 존재의 잠재성을 인정한다는 것을 뜻합니다. 인간이 전부 다 불성을 가지고 있다는 것 자체가 인간의 평등성은 물론이고 인간의 주체성을 강조하고 있음을 알 수 있습니다.

이에 대해 원효는 다음과 같이 말을 하고 있습니다.

방평편에 사리불아 알겠느냐? 내가 본디 서원을 세우기를 일체 중생으로 하여금 나와 같이 다름 없게 하리라 하였나니, 나의 옛적 원한 바와 같이 이제 이미 만족하였으니 일체 중생을 교화하여 다 불도에 들어가게 하리라 하였다. 감안하건대 이 글은 바로 여래의 소원이 만족함을 밝힌 것이다. 그 까닭은 삼세 일체 중생을 교화하여 마땅히 제도 받은 자는 다 불도를 얻게 하였기 때문이다.149)

---

148) 원효, "열반경종요," 원효전서국역간행회(편), 『국역원효성사전서』, 권1(서울: 대한불교원효종원효전서국역간행회, 1987), p.133.
149) 원효, "법화경종요," 한국불교전서편찬위원회(편), 『한국불교

인간의 잠재성을 통한 주체적 인간관에 대한 원효의 생각은 분명했습니다. 그는 인간이 대상과 역사에 대해 자기 나름의 주체성 가지고 있다는 근거로 인간에게는 잠재적인 초월성을 지니고 있다고 생각하고 있었습니다.

> 만일 이미 모든 부처님이 처음부터 부처를 이루었다면 그 처음이라는 그 앞에는 어떠한 부처님도 없게 되는 것이고, 또 성인의 가르침도 없었을 것이다. 성인(佛)의 가르침이 없다면 그 가르침을 따라 수행에 훈습할 수 있는 법문도 들을 수 없을 것이다. 그 가르침을 따라 수행에 훈습할 수 있는 법문을 듣지 않아도 부처를 이룰 수 있다면 이것은 원인이 없는 결과가 되는 것이다. 이런 논리는 다만 말로서만 있지 실제적인 의미는 없는 것이다. 이와 같은 도리이기 때문에 모든 부처님은 비롯함이 없는 곳에서부터 시작되는 것이다. 비록 진실로 비롯함이 없는 곳에서부터 시작되나 한 부처님도 본래 범부 아닌 부처님이 없는 것이다. 비록 현재는 모두 다 부처를 이루었지 만은 본래는 모두 다 범부인 상태로 오랜 세월 동안 끝없이 내려 온 것이다.[150]

전서』, 제1책(동국대학교 출판부, 1979), p.57.

150) 원효, "유심안락도," 한국불교전서편찬위원회(편), 『한국불교전서』, 제1책(동국대학교 출판부, 1979), pp.136-137.

3 보편적 인간관

원효의 인간관은 또 보편적 인간관으로 규정할 수 있습니다. 원효의 보편적 인간관이란 역시 붓다의 철학을 원용한 것이라고 할 수 있습니다. 여기서 보편적 인간관이란 두 가지의 의미가 있습니다.

우선 보편적 인간관이란 인간의 내재된 동일성에 대한 인정을 기초하고 있습니다. 귀족이든 인민이든 천민이든 전체적인 측면에서 보면 동일성을 지니고 있다는 인식 위에서 세워진 인간관이 바로 보편적 인간관입니다.

다음으로 보편적 인간관이란 권력에 의해 지극히 차별받는 존재가 아님을 나타내주는 것입니다. 그가 모든 인간은 귀천을 떠나 다 불성을 가지고 있다고 하고 교화하면 반드시 붓다의 깨달음을 얻을 수 있다고 설파한 것은 바로 보편적 인간관에 의한 결과입니다.

이에 대해 고영섭 교수는 다음과 같이 말하고 있습니다.

> 원효가 우리에게 보여준 비전은 곧 보편적 인간에 대한 이해였다. 여기서 보편적이란 있는 것(存在)과 있어야 할 것(當爲) 사이의 거리의 최소화라는 한 축과 살아 있는 모든 것들의 생물학적 조건의 동일성이라는 한 축을 통해서 설명된다. 즉, '두루 변재해

있다'는 것은 시간과 공간을 넘어서, 민족과 종교와 언어와 성별을 넘어서 내재해 있는 어떠한 동일적 요소이다. 다시 말하면 보편이란 어떠한 개물들이 부딪히는 다양한 정황 속에서도 언제나 공통적으로 적용되는 교집합적 요소들인 것이다.[151]

보편적 인간관을 증거해 주는 원효의 언급은 다음과 같습니다.

대승광지(大乘廣智)라는 것은 바로 평등성지(平等性智)를 말하는 것인데, 이 평등성지는 소승과 같이 자기 혼자만의 해탈을 추구하는 것이 아니라 광범위하게 일체중생을 제도하는 것이다. 이를 테면 나(我)라는 것이 없는 세계에 머물기 때문에 나 아님도 없게 되며, 나 아님도 없기 때문에 일체중생을 균등하게 융섭(融攝)하지 않음이 없는 것이다. 이러한 동체대비(同體大悲)의 지혜의 힘으로 널리 끝없는 중생을 이 지혜에 실어 다같이 함께 위 없는 깨달음의 세계에 다다르게 하기 때문에 그 이름이 대승광지가 되는 것이다.[152]

이처럼 원효는 누구나 다 교화하면 붓다가 될 수 있다는 보편적 인간관을 제시하고 있습니다. 이러한 보편적 인간관은 불교의 운명론에 의해서도 뒷받침 되고 있습니다. 불교는 인간의

151) 고영섭, 앞의 책, p.217.
152) 원효, "유심안락도," 한국불교전서편찬위원회(편), 앞의 책, p.116.

길흉화복을 오로지 자신의 업보에 따른다고 가르치고 있습니다.

이것이 10업설인데 이에 대해 고익진 교수는 다음과 같이 언급하고 있습니다.

> 의지를 가진 존재는 무엇이나(인간에 한정되지 않음) 중생이라 부르는데, 그런 중생은 업을 일으켜 자신의 선악업에 따라 생사에 윤회하면서(유전) 고락의 과복을 받고 있다. 우주 또한 그런 모든 중생의 업(共業)력에 의해 생성소멸의 과정을 되풀이 하고 있는 것이다.153)

이는 인간의 자발적 판단·행위에 의해 자신의 운명이 결정될 수 있다는 것으로 분석됩니다. 즉 "선악의 판단과 실천은 인간의 자율성에 두는 이러한 입장은 선의 근원을 하늘(天)에 두는 다른 종교의 윤리사상과 크게 다른 점이라고 할 수 있습니다." 154)

여기서 원효의 보편적 인간관은 싹을 틔우고 꽃을 피우게 되는 것입니다.

이상과 같은 그의 인간관은 그의 세계관의 핵심을 이루고 있어서 다른 세계관의 내포적(內包的) 의미를 지니고 있다는 것이 필자의 생각입니다. 다시 말하면 원효의 인간관은 원효 세

---

153) 고익진, 『한국의 불교사상』, p.246.
154) 위의 책, p.247.

계관의 내포이고 다른 세계관은 인간관의 외연이라고 할 수 있습니다.

2. 인생관

원효의 많은 세계관 중 정치사상과 관련이 있는 세계관의 대표적인 것은 인생관을 지적할 수 있습니다. 인생관은 다른 말로 하면 삶의 철학입니다. 보다 정확히 말하면 삶과 죽음에 대한 철학이 바로 인생관이라고 할 수 있습니다. 인생관은 나의 삶에서 발생하는 모든 일들의 기준이 되고 준거틀이 됩니다.

인생관은 삶의 현실에 대한 생각을 불러일으키는 현실인식의 기초를 형성합니다. 나아가 나를 둘러싸고 있는 세계에 대한 생각을 정립하게 해줍니다. 이런 점에서 인생관은 한 인물에 있어서 사상의 토대를 이루고 있다고 말할 수 있습니다.

원효의 인생관에 대한 고찰은 간단하게 언급할 수 있는 것이 아닙니다만 여기서는 그 핵심만을 언급하도록 하겠습니다.

1 욕심이 모든 고통의 원인이라는 인생관

그는 욕심이 모든 고통의 원인이라는 인생관을 가지고 삶 속에서 그대로 실천하였습니다. 이러한 욕심이 인간으로 하여금 고통의 윤회 속에 머물게 한다고 그는 생각하고 있었습니다. 그래서 원효는 자신의 이러한 인생관에 대해 다음과 같이 말하고 있습니다.

> 모든 부처님 부처님께서 아름다운 세상을 활짝 펴 보이신 것은 오랜 세월 욕심을 버리고 뼈를 깍는 듯 고행을 하셨기 때문이요. 모든 중생 중생들이 불에 타는 듯 온갖 고통 속에 윤회하는 것은 헤아릴 수 없이 많은 세월 속에서 헛된 욕심을 버리지 못했기 때문이다.155)

중생들이 온몸이 "불에 타는 듯한 온갖 고통 속에 윤회하는 것"은 다른 데 있는 것이 아니라 바로 "헛된 욕심"에 있다는 것이 원효가 보는 삶의 철학인 것입니다.

위의 인용 구절에 대해 김종의 교수는 다음과 같이 언급하고 있습니다.

> 윤회를 벗어나지 못하는 인간의 삶을 나고 죽는 괴로움의 바다(苦海)라고 표현한 것이나, 인간 존재의 현실을 불길 속(火宅)이라고 한 것은 모두 망상분별로 인해 나타나는 실상을 나타낸 것이다. 그러나

155) 원효, 『발심수행장』.

이는 단지 마음의 작용으로 인해 나타난 현상에 대한 표현이다. 다시 말해 윤회는 곧 탐욕과 집착으로 인해 생긴 것이다.156)

원효는 우리네 삶에서 겪게 되는 고통이라는 것은 욕심을 버리지 않아서 생기는 것으로 보고 있습니다. 이러한 욕심은 자연스럽게 인간으로 하여금 번뇌를 일으키고 번뇌는 인간을 끝없는 고통의 수레바퀴 속에 휩싸이게 한다는 것입니다.

원래 인간이 지니고 있는 중생심에는 고통도 욕심도 없는 것이었는데 무명으로 인한 번뇌로 고통이 생겨났다는 것이 원효의 근본적인 생각입니다.

이에 대한 원효의 생각을 들어보도록 하죠.

교법의 근본이치라는 데 대하여 말하자면, 즉 중생의 마음인 성품은 원융하게 통달하여 무엇에든 걸림이 없다. 그 크기로 말할 것 같으면 넓고 광대한 허공과 같고, 깊기로 말할 것 같으면 깊고 거대한 바다와 같은 것이다. 그 크기가 허공과도 같이 넓고도 광대하기 때문에 그 본 바탕의 성품이 평등하여 어떤 특별한 모양의 형상이랄 것이 없으므로, 어찌 여기에 깨끗하고 더러운 세계가 있겠는가! 또 그 깊기

156) 김종의, 『원효, 편견을 넘어서다』(부산: 도서출판 이경, 2012), pp.115-116.

> 가 바다와도 같이 깊고 거대하기 때문에 그 본 바탕의 성품이 윤택하고 부드러워 그 어떠한 인연이라도 따르고 붙이는데 거역하는 일이 없으니, 어찌 움직이고 고요한 시절이 있겠는가![157)]

이처럼 모든 인간은 허공과 같은 순수한 마음의 성품을 가지고 있었다고 원효는 설파하고 있습니다. 이러한 마음이 바로 중생심이고 여래장인 것입니다. 그런데 어느 순간부터 인간은 고통의 늪에서 헤어나지 못하게 되는데 이러한 점에 대해 원효는 다음과 같이 말하고 있습니다.

> 그러한 성품이건 마는 어떤 때는 번뇌(煩惱)의 망풍(妄風)으로 인하여 오탁(五濁)에 빠져 오래도록 유전하며, 또는 고통의 세계에 깊이 떨어져 오래도록 침류(沈流)하기도 한다. 또 어떤 때는 착한 힘(선근의 힘)으로 인하여 사류(四流)를 다 끊으니 고통의 세계에 들어오지 않고 열반의 세계에 나아가 영원히 적멸하기도 한다. 그러나 이렇게 고통의 세계에서 헐떡거리는 중생과 열반의 세계에서 적멸하는 중생은 다 큰 꿈속의 중생에 불과하다.[158)]

이처럼 욕심을 버리면 인간 존재 자체의 순진무구성으로 인

---

157) 원효, "유심안락도," 한국불교전서편찬위원회(편), 앞의 책, pp.65-66.
158) 위의 책, p.66.

해 고통은 자연스럽게 소멸된다는 것이 그의 인생관입니다.

② 분별심을 버려야 자유를 누릴 수 있다는 인생관

분별심은 나와 너를 가르고 우리라는 공동체의 평화를 가로막는 원인이 됩니다. 분별심이 존재하는 곳에 진정한 통합은 존재하기 힘듭니다. 분별심은 나와 너를 분단시키는 마음입니다. 이러한 분별심은 나란 존재에 대한 확신 즉 아상에의 집착 즉 아집에서 생깁니다.

원래 마음이라는 것은 여래의 그 모습 자체입니다. 원래 인간의 마음은 그 어떤 분별심도 없는 절대순수의 존재였습니다. 살면서 인간에게 훈습이 생김으로써 나란 마음이 생기게 되었던 것입니다. 불교의 목적은 마음 닦기라고 합니다만 원래는 원마음으로 돌아가자는 것이 불교의 참된 목적입니다.

분별심에 대해 김종의 교수는 다음과 같이 설명하고 있습니다.

> 인간은 모두 자신이 나름대로 생각하고 꾸며놓은 환상의 세계에 살고 있다는 뜻이다. 사실 '나'라고 하는 것은 '나는 독자적이고 주체적인 존재'라는 생각과 '나 외의 것은 나와 다르다'고 믿는 확신에 사로잡혀 있음을 의미한다. 바로 이와 같은 생각이 '나'와 '남'을 가르고, '나'와 '대상'을 다르다고 보게 되는 것

이고, 이것이 곧 고통의 원인이 된다.[159]

그러면 이러한 분별심은 왜 생기는가? 이미 언급한 것처럼 나란 에고 때문입니다. 나란 존재에 대한 집착으로 인해 분별심이 생기게 되는 것입니다. 나란 존재에 대한 집착 이것은 또한 무명(無明)의 상태라고 말할 수 있습니다. '무명' 이란 존재세계가 그대로 진리세계임을 알지 못하는 것, 즉 '있는 그대로' 의 모습이 곧 진리의 실상이지만 인간의 편견이 '있는 그대로' 의 세계를 쪼개고 분별하여 받아들인다는 뜻입니다.[160]

이러한 분별심에 대해 원효는 다음과 같이 설파하고 있습니다.

> 중생이 시작도 없는 처음부터 모든 존재가 본래 생겨나는 것이 아님을 알지 못하며, 망령된 생각으로 잘못 이해하여 나와 내 것을 헤아리고, 안으로는 감정(육정)을 내세워 그로 인해 분별하는 마음을 내고, 밖으로는 대상(6경)을 지어 이것이 실재한다고 집착하니, 이것이 모두 내 마음이 지어낸 것임을 알지 못한다.[161]

---

159) 김종의, 앞의 책, p.115.
160) 위의 책, p.116.
161) 원효, 『대승육정참회』.

이처럼 우리 인간 존재의 처음의 그 마음은 순백한 것 자체였는데 그 마음이 집착과 욕심과 어리석음으로 인해 무명으로 전환됨으로써 나를 중심으로 하는 온갖 분별심이 생겨나게 된 것입니다. 이러한 분별심이 존재하는 한 인간 존재는 망령된 생각에 휩싸이게 되고 그러한 망령된 생각은 결국 번뇌의 사슬에 육신을 묶이게 하고 만다는 것이 원효의 근본적인 생각이었습니다.

이러한 점에 대해 원효는 수없이 말하고 있습니다.

> 본각과 시각도 무엇을 안다는 생각이 일어나지 않는 것이니, 즉 마음이 무엇에 집착되지 않는 행이 현상에 집착되지 않는 마음에 그윽이 합치하게 된다.162)

> 대승법이란 두개의 언덕에 머무르지 않고서, 두 가지 무리를 버리고, 두 가지 아집에 매달리지 않으면 두 가지 극단에서 떠나 두 가지 공의 이치에 통달하여, 이승에 떨어지지 않고, 두 가지 진리를 융화하여, 두 가지 깨우쳐 들어가는 길에 위배하지 않는 것이다.163)

원래의 마음으로 돌아가는 것 그것이 바로 분별심에서 벗어나는 것이라고 원효는 설파하고 있습니다. 나란 존재에 의한 나의

---

162) 원효(저)·이기영(역), 『금강삼매경론』, p.163.
163) 위의 책, p.164.

인식으로 보는 것이 아니라 원 마음으로 돌아가 있는 그대로의 모습으로 보는 것 그것이 분별지를 없애는 것입니다.

이러한 분별지에서 벗어나면서 갖게 되는 경지에 대해 원효는 다음과 같이 언급하고 있습니다.

> 깨닫고 보면 여기(속)랄 것도 없고 저기(진)랄 것도 없고, 더러운 세계라 할 것도 없고 깨끗한 세계라 할 것도 없이 본래 일심이라서 생사와 열반이 결정코 두 극단으로 벌어질 것이 없다.[164]

③ 불법에 의거한 민중에의 사랑을 실천하는 인생관

원효의 인생관은 불법(佛法)에 대한 굳은 믿음을 통해 일반 민중에 대한 사랑을 실천한 인생관으로 규정할 수 있습니다.

그가 분황사에서 『화엄경소』를 짓다가 붓을 꺾은 이유는 무엇입니까? 바로 화엄경에 담긴 민중교화, 중생제도에 대한 글 때문입니다. 아무리 훌륭한 내용으로 책을 만든다한들 실천하지 않을 때 과연 무슨 의미가 있겠습니까?

민중은 현실의 벽에 막혀 신음하고 있는데 각자라는 이가 글에 파묻혀 아무런 현실성이 없는 글 쓰는 데에만 시간을 보낸

---

164) 원효, "유심안락도," 한국불교전서편찬위원회(편), 앞의 책, p.66.

다면 과연 무슨 의미가 있겠습니까?

그가 읽었던 화엄경의 십회향품의 구절을 인용해보도록 하겠습니다.

> 내가 마땅히 일체 중생의 집이 되리니 온갖 괴로운 일을 면하도록 하기 위해서이며, 일체 중생의 보호가 되려니 모두 두려움을 여의도록 하기 위해서이며, 일체 중생의 나아갈 바가 되리니 일체지(一切智)에 이르도록 하기 위해서이다. **일체 중생의 안락처가 되리니 구경(究竟)안온처를 얻도록 하기 위해서이며**, 일체중생의 광명이 되리니 지혜의 빛을 얻어 우치(愚癡)의 어둠을 제거하도록 하기 위해서이며, **일체 중생의 횃불이 되리니 모든 무명의 암흑을 깨뜨리도록 하기 위해서이며**, 일체 중생의 길잡이가 되리니 그들을 진실한 법에 들도록 하기 위해서이며, 일체 중생의 큰 스승이 되리니 걸림 없는 큰 지혜를 주기 위해서이다.165)

이 구절을 읽어도 보통 사람이면 구구절절 그 의미가 온 육신을 파고들어 도저히 더 이상 읽기가 어려울 것으로 생각됩니다. 그러나 원효는 제4 회향 때까지 읽다가 결국 붓을 꺾고 거리로 나가게 됩니다. 중생을 도외시한 종교가 무슨 의미가 있겠습니까? 이 세상은 온 불로 불타고 있고 중생이 고통으로 신음하고 아파하고 있는데 깊고 깊은 절간의 서재에서 경을 해석

165) 최준(역주), 『화엄경』, p.68. '제1 회향'

만 하고 어찌 있겠습니까?

원효가 온몸에 전율을 느끼면서 읽었을 그 『화엄경』의 구절을 좀 더 인용하도록 하죠.

> 보살 마하살은 모든 선근으로 이와 같이 회향하여, 일체 중생에게 평등하게 이익을 주며 마침내 모두 일체지를 얻게 한다. 보살 마하살은 낯선 사람을 수호하고 회향함에 있어 친구와 다를 바 없게 한다. 왜냐하면 보살 마하살은 모든 법이 평등한 바탕에 들어갔으므로 중생에 대해 잠시라도 친구가 아니라는 생각을 내지 않기 때문이다. … 보살 마하살에게는 큰 복덕이 있고 마음이 깊고 넓으며, 바른 생각으로 관찰하고 물러나지 않으며, 공덕과 지혜에 끝까지 이르며, 높고 뛰어난 법에 뜻을 두어 구하며, 법의 광명이 널리 비치어 모든 이치를 보며, 모든 법문에 지혜가 자재하며, **항상 일체 중생을 이롭게 하려고 선법을 닦으며, 실수로라도 중생을 버리고자 하는 생각을 내지 않는다.**[166]

일생을 오직 깨달음과 중생제도에 헌신했던 원효로서 이 구절에 이르게 되었을 때 그 마음, 그 심정이 절절히 느껴집니다. 그는 아마 도저히 더 이상 읽지 못하고 상념에 들었거나 온몸이 불덩이가 되어 자신의 과거와 현재 그리고 조국 신라의 오늘을 뼈저리게 생각하였을 것입니다.

---

166) 위의 책, pp.68-69.

특히 다음 구절에 이르러서는 더욱 더 그는 많은 생각을 하고 자신이 걸어가야할 참된 길을 생각했을 것입니다.

> 중생들의 성질이 추악하고 그릇된 견해를 갖고 혼탁해서 교화하기 어렵다 하여 홀연히 버리는 일은 없다. **보살은 큰 서원의 갑옷으로 스스로를 장엄하여 중생을 구호하고 잠시도 물러나지 않는다.** 중생들이 은혜를 저버린다 하여 보살행을 그만두거나 보살도를 버리지 않으며, 어리석은 무리들과 한 곳에 있다 하여 모든 진실한 선근을 버리지 않으며, 중생들이 과오를 자주 범하므로 참을 수 없다 하여 그들에 대해 싫증을 내는 일도 없다.[167]

참으로 대단한 내용이 아닐 수 없습니다. 원효의 입장을 가장 여실히 대변하고 있는 구절이 아닐 수 없습니다. 그는 하화중생(下化衆生)과 상홍불도(上弘佛道)라는[168] 대승의 길을 추구하고 있었습니다. 그가 화엄경 제 4 회향편을 읽다가 붓을 꺾은 것은 어찌 보면 너무나 당연한 일인지 모릅니다. 3계가 불타고 있는데 이렇게 저술로써 시간을 보내는 자신을 성찰하게 되어 중생교화에 모든 것에 여생을 바쳤는지 모릅니다.

그는 이처럼 오직 지식에 안주하는 그러한 비현실적인 지식

---

167) 위의 책, p.69.
168) 원호(저)·은정희(역주), 『대승기신론소·별기』, p.55.

인이 아니라 지식인에 대한 역사의 책무를 다하고자 했던 당시의 선각자였습니다. 그의 대비심에 의한 실천행은 그로 하여금 시장으로 그리고 광장으로 뛰어 들어가게 하였던 것입니다.

그의 이상과 같은 인생관은 자신의 사상과 철학을 정립하고 과감하게 교화의 길을 걷는 밑거름이 되었던 것이 분명합니다. 그는 욕심의 고리를 끊고 분별심에서 벗어나 세상을 관조하였고 이를 토대로 아무런 거리낌 없이 민중교화로 나아가게 된 것입니다.

7강 원효의 정치사상

사실 원효는 스스로 자신의 정치사상·정치철학을 제시한 바 없기에 그의 사상을 정치사상 내지 정치철학으로 귀결시켜서 설명하는 것은 다소 문제가 있다고 생각합니다.

그러나 그의 생애와 사상은 자신이 살았던 그 시대 정확히 정치사회 환경에 지대한 영향 속에서 정립되고 전개된 것은 분명한 사실입니다. 그래서 나는 그의 사상을 정치사상적 측면에서 새롭게 조명하여 설정해보고 자 하는 것입니다.

그의 사상은 보통 화쟁사상, 회통사상, 일심사상, 화엄사상, 정토사상, 무애사상 등 숱한 용어로써 정의되고 주장되어지고 있습니다. 여기서는 크게 그의 정치사상을 화쟁론, 일심론, 무애론 등으로 분류하여 설명하고자 합니다.

순수철학에서 그의 사상을 보는 것과 정치사상에서 그의 사상을 설명하는 것은 매우 의미가 다릅니다. 화쟁의 사상을 순수철학에서는 삶의 문제와 인간의 존재문재와 연계해서 설명하겠지만 정치철학과 정치사상에서는 그러한 순수철학적 분석을 기초하여 '현실' , '삶' 과 직접 연계시켜서 정치상황, 정치현실적 측면에서 살펴보게 될 것입니다.

그렇기 때문에 한 인물의 사상을 논함에 있어서 철학사상(순수철학)적 측면과 정치사상(정치철학)적 측면은 그 내용과 지향점이 완전히 다르다고 생각합니다.

우리가 순수철학적 관점에서 인간 존재의 문제를 다루는 이유가 무엇입니까? 순수철학이라고 해서 현실을 도외시 할 수 있겠습니까? 철학에 있어서 현실은 철학을 이끄는 현장이고 실천의 장이기도 합니다. 현실을 떠난 철학은 존립할 수 없습니다. 현실은 삶과 직결되어 있기에 현실을 도외시한 철학이란 생각조차 하기 힘듭니다. 현실과 철학은 이런 점에서 불가분의 관계에 있습니다.

박종홍 교수는 철학과 현실의 관계에 대해 다음과 같이 말하고 있습니다. 사실 그의 현실에 대한 분석은 매우 탁월하여 정말 좋은 구절이 많으나 몇 구절만 인용하도록 하겠습니다.

> 그러나 제 아무리 심오한 사색이요 장엄한 이론의 체계라 할지라도 하등 우리의 현실적 생활을 좌우하는 능력을 가지지 못한 것이라면 그야말로 유해 무익한 헛된 도로(徒勞)에 불과할 것이다. 그러므로 종래의 일부 철학이 마치 비속하다고 발을 떼었던 **대지의 이 현실을 다시 그리워하여 찾게 되었고**, 내버렸던 우리의 현실적 생활에 새로운 애착을 가지고 육박하여 파고들어 다시 피끓는 힘의 철학을 찾아내

려는 것이 대체로 보아 현대인의 진정한 염원인 것이다. **거세된 회색의 논리가 아니라 작열하는 생의 약동이 그리운 것이다.**[169]

현실이 문제다. 그러나 현실을 문제삼기 전엔들 그 누구가 현실을 떠나서 살았으랴. 현실로부터 출발하였다가 다시 현실로 돌아온다는 것이 올바른 철학의 코스인 것이요, 철학적 태도가 가져야 할 모습이다.[170]

이와 같이 하여 **철학은 진리에 대한 자유를 전취(戰取)함이요, 자유로운 진정한 현실이 어떤 것인가를 밝히려 하며, 다시금 그 진정한 현실로서 동류(同流0와 더불어 같이 살려고 하는 것**이라 하겠다.[171]

이처럼 현실은 철학에 있어서 중요한 사유의 기초이자 사유한 사상의 실천장입니다. 그래서 순수철학이라고 해서 현실을 도외시하기 어렵습니다. 순수철학적 분석은 정치철학으로 승화되어 사상의 포괄성, 전체성, 현실성으로 나아가야 합니다.

만약 순수철학적 분석으로 사상이 국한되고 한계지어진다면 그 사상의 진면목은 빛을 잃을 것이 분명합니다. 이런 점에서

---

169) 박종홍, 『철학개설』(서울: 박영사, 1968), p.23.
170) 위의 책, p.24.
171) 위의 책, p.25.

정치사상과 정치철학은 사상의 완성점, 목적지라고 해고 결코 과언이 아니라고 생각합니다. 많은 순수철학자들이 말년에 이르러서는 예외 없이 현실에 깊은 관심을 가지고 정치철학적 사유에 의한 글들을 발표한 것은 결코 우연이 아닙니다.

사실 방대하고 심오한 원효사상 특히 원효의 정치사상을 이렇게 몇 가지의 분류화된 체계로 한정지어 틀지우는 것은 지극히 둔제가 있다고 생각합니다.

앞으로 원효에 대한 공부는 시작에 불과합니다. 그의 사상의 광대성, 심오성은 타의 추종을 불허합니다. 보다 연구를 진척할 생각입니다. 여러분들도 철학도로서 반드시 한번은 거쳐야 할 연구의 대상은 바로 원효입니다. 원효를 모르고 철학과 사상을 한다는 말을 어떻게 할 수 있겠습니까? 원효는 철학과 사상의 보고이자 철학도로서 가져야 할 지행합일의 산 본보기입니다. 반드시 앞으로 원효에 대한 연구 진척하기 바랍니다.

이제, 원효의 정치사상에 대한 연구를 시작하도록 합시다.

회통론, 일미론, 정토론 등은 원효의 사상을 공부함에 있어서 필수적인 이해 내용이지만 이를 전부 언급하다가는 강의를 진척하기 어려울 정도로 그 내용이 방대합니다. 그래서 여기서는 일심론, 화쟁론 및 무심론 등으로 나누어 간략하게 설명하고자 합니다.

사실 원효의 방대한 사상체계를 이해하려면 1-2년 강의해서는 안 됩니다. 그러나 우리는 원효의 사상의 대강, 바램을 통해 그 윤곽을 잡으면 우선 된다고 생각합니다. 이를 기초해서 원효에 관심을 가진 이들은 보다 연구를 진척하기 바랍니다.

1. 일심론

일심론은 원효사상 즉 원효의 모든 사상체계의 최종적 귀결체라고 할 수 있습니다. 그래서 많은 이들은 원효의 사상을 한마디로 '일심사상'으로 정의하고 있습니다.

원효의 일심론을 이해하지 못하고서는 그의 사상에 대한 이해는 공염불이고 단 한치 앞으로 나아가지 못합니다. 즉 그의 많은 사상적 갈래는 이 일심론에서 유파되고 결론지어진 것입니다.

이런 점에서 일심론은 그의 사상 전반을 규율해주는 기초이자 완성태입니다. 일심론은 그의 모든 사상의 모태이자 최종적인 길입니다.

이렇게 보면 그의 일심사상을 이해하지 않고서는 원효에 대한 이해는 절대 불가능함을 알 수 있습니다. 다시 말하면 원효의 나머지 모든 사상의 근거가 바로 일심사상인 것입니다. 일심에서 원효의 나머지 사상이 나왔다가 그 사상은 다시 일심으로 돌아갑니다. 그래서 일심은 중언하자면 원효의 제반 사상의 토대이면서 목적지임을 알 수 있습니다.

원효의 정치사상을 다룸에 있어서 우리는 분명히 인식해야 할 점이 있습니다. 철학사상의 관점에서 일심론과 정치철학적 관점에서 일심론은 많이 다르다는 점입니다.

정치사상·정치철학에서의 일심론은 정치·사회·국가라는 현실과 전체의 차원에서 분석되어집니다. 반면 철학(순수)에서의 일심론은 인간존재의 근원, 인간행동의 목적, 인간의 심성 등의 차원에서 일심의 문제를 접근합니다.

여기서는 정치사상과 정치철학의 관점에서 일심론을 분석하는 것이니 기존의 연구와는 완전 다른 차원에서 고찰되어질 것입니다. 혹자는 원효의 정치사상이라고 하니 다른 순수철학의 분석과 다른 것으로 알았는데 그 분류의 제목은 거의 대동소이하다고 말할 수 있을 것입니다.

이러한 생각은 잘못된 것입니다. 물론 원효의 사상을 깊이 있게 고찰하여 그의 정치사상을 완전 새롭게 분류하여 분석할 수 있다고 생각합니다. 그러나 원효에게 있어서 일심론, 화쟁론, 무애론 등은 너무나 확고한 사상체계를 갖추고 있을뿐더러 널리 알려져 있기 때문에 다른 그 어떤 형용구를 삽입하기에는 문제가 있다고 생각합니다.

예를 들어 안중근의 사상을 흔히 동양평화론으로 규정하는 것이 일반적인데 이는 너무나 평범하고 일반적이라 그의 사상으로 규정하기에는 문제가 있다고 말하는 이들이 있습니다. 그러나 그의 유작인 논설 제목이 동양평화론이고 안중근이 평소늘 주장하던 바가 동양평화론인데 어찌 다른 제목을 달아서 분류하여 분석할 수 있겠습니까?

일심론을 제대로 살펴보려면 '일심'(一心)의 개념에 대해 정확히 알아야 합니다. 사실 이 주제가 순수철학적 관점에서 일심사상을 접근할 경우 일심의 개념에 대해 설명하는 것으로도 엄청난 시간이 필요할 것이지만 여기서는 간단히 설명하고 넘어가고자 합니다.

일심은 궁극적 경지이고 지극한 원리이고 존재의 근원이고 대승의 진리이고 존재하는 모든 것의 본질이라고 할 수 있습니다. 원효는 이 일심에 대해 고민 끝에 다음과 같이 언급하고 있습니다.

> 무엇을 일심이라 하는가? 더러움과 깨끗함의 모든 법은 그 성품이 둘이 아니고 참됨과 거짓됨의 두 문은 다름이 없으므로 하나라 이름한다. 이 둘이 아닌 곳에서 모든 법은 가장 진실되어 허공과 같지 않으며, 그 성품은 스스로 신령스레 알아차리므로 마음이라 이름한다. 이미 둘이 없는데 어떻게 하나가 있으며, 하나도 있지 않거늘 무엇을 두고 마음이라 하

> 겠는가. 이 도리는 언설을 떠나고 사려는 끊었으므로 무엇이라 지목할지 몰라 억지로 일심이라 부른다.[172]

사실 일심은 일심이라는 이름을 붙이면 존재의 본질이라고 할 수 없지만 구태여 이름을 붙여서 일심이라고 한다는 것입니다. 일심을 그는 한 마디로 정의하고 있는데 이는 그의 주저인 『금강삼매경론』에 적시되어 있습니다.

> 이치가 없는 것처럼 보이지만 사실은 큰 이치고 그렇지 않으면서도 크게 그러한 것.[173]

이 '무리지지리 불연지대연'에 대해 서영애 교수는 다음과 같이 언급하고 있습니다.

> 대자연의 실제의 이상은 법리가 없는 것처럼 보이지만 사실은 지극한 도리를 나타내는 것으로서, 또 그러하지 않는 것처럼 보이는 것이 사실은 법상(法相)이 대자연의 실상을 그대로 나타내고 있다는 의미로서 무리의 지리, 불연의 대연이라고 표현하고 있는 것이다. 우주의 삼라만상은 항상 변화하고 생성하고 있다. 그러한 자연의 쉼 없는 운행의 실상은

---

172) 원효, "대승기신론소," 한국불교전서편찬위원회(편), 앞의 책, p.705.
173) 원효, 『금강삼매경론』. 無理之至理 不然之大然.

공성(空性)이라고 설명할 수 있지만, 모든 것이 진속(眞俗), 이사(理事), 유무(有無) 등의 분별에 있는 것도 아니며, 자연 그대로 항상 운행하는 것이다. 즉 자연의 실제는 그야말로 이치대로 흘러가고 있다. 그것은 무리의 지리, 불연의 대연이라고 말할 수 있는 것이다. 원효의 일심의 원리는 바로 그러한 것을 나타내는 것이다.[174]

그렇기 때문에 일심은 대승이고 여래고 진여이고 본체입니다. 일심의 경지에 이른 원효는 이에 대해 다음과 같이 표현하고 있습니다.

그림자와 소리를 타고 어느 곳에나 갈 수가 있다. 감응의 길이 열리는 까닭에 비는 자(祈者)는 명상(名相)을 초월하여 돌아감이 있다. 그림자와 소리를 탄다는 것은 형상도 언설도 부정한 것이다. 이미 명상을 초월한 것이니 다시 무엇을 초월하고 무엇에 돌아간다는 것인가. 이것을 일컬어 도리 아닌 지극한 도리라 하며, 긍정 아닌 대긍정이라고 하는 것이다.[175]

우선 원효의 일심론은 일종의 통합의 원리라고 할 수 있습니

174) 서영애, "원효의 일심사상 연구," 『원효학 연구』, 제6집(원효학연구원, 2001), P.230.
175) 원효(저)·이기영(역), 『대승기신론소·별기』, p.53.

다. 그는 먼저 긍정과 부정, 중생과 부처, 생사와 열반, 땅막과 무덤 등의 두 개의 편견과 극단을 지양하고 있습니다. 이것은 기본적으로 언어의 한계를 인정하고 있다는 것을 보여주고 있는 것입니다. 그는 부정을 통해 세계에 대한 집착을 버립니다. 동시에 부정과 그것(부정)의 부정을 통해 두 극단을 떠나게 합니다. 그는 상대적 이분을 넘어선 자리에서 활발한 존재의 참모습을 발견합니다. 원효는 여기에서 긍정과 부정에 자유자재한 그의 일관된 태도를 보여주고 있는 것입니다.[176)]

그는 "비연(非然)이면 비불연(非不然)이다."는 말을 자주 하고 있습니다. 이 말은 "긍정이 아니면 부정도 아니다."는 뜻입니다. 즉 원효는 어떠한 것을 설명하면서 긍정과 부정의 상대적 이분을 전제하지 않습니다.[177)]

그는 "인정하되 그것만이 옳다고는 하지 않으며, 논파하되 그것이 쓸모없다고 버리지 않는다."의 논리를 일심의 논리로써 설정하고 있습니다. 이 말은 인정하되 취하지는 않고 논파하되 버리지는 않는다는 뜻이기도 합니다.

그가 "대승의 본체는 고요하고 텅 비어 있다."고 말한 것은 바로 이러한 그의 일심론을 반영하고 있는 것입니다. 또 그

176) 고영섭, '원효의 통일학," 불교전기문화연구소(편), 『원효사상의 현대적 조명 I』(서울: 불교춘추사, 2006), p.116.
177) 위의 글, p.116.

는 "동의하지도 이의도 제기하지 않으면서 설한다." 고 했습니다. 그는 나와 다른 생각을 대립물로 인정하지 않습니다. 이런 점에서 그는 변증법적 사유구조를 인정하고 있다고 생각됩니다.

둘째, 이러한 중도적인 일심론은 자연스럽게 분별심을 버릴 것을 강조하고 있습니다. 그에게 있어서 예토와 정토는 결국 한 마음에서 비롯된 것입니다. 삶과 죽음 역시 일심에서 비롯된 것이라고 말하고 있습니다.

이러한 성격을 지닌 일심에 대해 원효는 『무량수경종요』에서 다음과 같이 말하고 있습니다.

> 모든 경계가 무한하지만 다 일심 안에 들어가는 것이다. 부처의 지혜는 모양을 떠나 마음의 원천으로 돌아가고 지혜와 일심은 완전히 같아서 둘이 없는 것이다.178)

그는 이러한 일심을 '여래장' 이라고 하였습니다. 그가 일심을 여래장이라고 하는 것은 너무나 당연합니다. 인간의 원 마음은 부처의 마음을 지니고 있었습니다. 그럼에도 불구하고 살면서 많은 훈습이 생기고 판단이 생기고 인식이 생김으로써

---

178) 원효, "무량수경종요,"한국불교전서편찬위원회(편), 『한국불교전서』, 제1책(동국대학교 출판부, 1979), p.512.

그 마음은 점점 더 무명에 휩싸여 온갖 번뇌를 낳게 되었던 것입니다. 비록 현재의 시점에서 마음은 혼돈을 겪어 방황하고 번민하고 있지만 원래 마음은 그런 것이 아니기 때문에 원 마음으로 돌아갈 수 있는 소지는 얼마든지 우리 자신 속에 내재하고 있습니다. 이런 점에서 원효는 일심을 여래가 아닌 여래장이라고 한 것입니다. **우리의 마음먹기에 따라 일심의 경지 즉 여래를 이룰 수 있기에 여래장이라고 한 것**입니다.

> 이 일심의 본체는 본각인데 무명을 따라 움직여 생멸을 만든다. 그러므로 이 생멸문 속에는 여래의 성품이 숨어 있어 드러나지 않는다. 그것을 여래장이라고 부른다. 경에서 말하듯 **여래장은 선(善)과 불선(不善)의 동시적 원인이 되며, 능히 모든 형태의 존재를 만든다. 마치 어린아이가 여러 형태의 길로 성장될 수 있음과 같다.** 이러한 뜻이 생멸문 안에 들어 있으므로 일심을 '여래장'이라고 하는 것이다. 이것은 일심의 생멸문을 나타낸 것이다.179)

이렇게 보면 일심론은 양 극단의 경계를 넘어선 단계를 촉구하고 있음을 알 수 있습니다.

셋째, 여기서 일심은 바로 중생심임을 알 수 있습니다. 흔히 일심은 대승심인 것으로만 알고 있지만 일심은 위에서 언급한

---

179) 원효(저)·이기영(역), 『대승기신론소·별기』, p.77.

바와 같이 여래장임과 동시에 중생심입니다. 뭇 삶들이 가지고 있는 마음을 중생심이라고 할 때 중생심이 일심이라는 것은 큰 의미와 다양한 의미가 있습니다.

뭇 삶들은 일심에의 교합성, 상보성으로 인해 회통의 길로 갈 수 있음을 알 수 있습니다. 그래서 원효는 그토록 노심초사하면서 중생을 제도하려고 했던 것입니다. 중생의 마음에 한 마음이 도사리고 있음을 알았기 때문에 죽을 때까지 교화의 길을 추구하였던 것입니다.

원효는 대승기신론에서 "법이라고 하는 것은 중생심을 말한다."는 구절에 대해 다음과 같이 해석하고 있습니다. 이를 통해 중생심으로서의 일심에 대한 그의 생각을 정확히 엿볼 수 있습니다.

> 처음 중에 '법이라 하는 것은 중생심을 말한다'라는 것은 자체를 법이라고 이름하는 것이니, 이제 대승 중에 일체의 모든 법이 다 별다른 체가 없고 오직 일심으로 그 자체를 삼기 때문에, '법이란 중생심을 말한다'고 한 것이다.[180]

법이 중생심이라는 것은 과연 무슨 말입니까? 그것은 중생 즉 일반 사람들이 원래부터 지니고 있는 진여심을 말합니다.

---

180) 원효(저)·은정희(역주), 『대승기신론소·별기』, p.80.

그래서 부처가 중생이고 중생이 부처라는 말이 나오는 것입니다. 이는 중생의 마음 깊은 곳(원 마음)에 어느 누구도 예외 없이 진여심, 여래심을 지니고 있다는 것을 의미합니다.

이렇게 볼 때 일심론이 지니고 있는 정치사상적 성격은 과연 무엇인지 명확해 졌다고 생각합니다. 일심론은 우선 정치의 본령이 무엇인지를 보여주고 있다는 점입니다. 정치의 현장은 당양한 의견의 분출로 늘 분열이 극대화되어 있습니다. 이런 상황에서 일심론은 정치의 기본적 목적에 대한 생각을 늘 불러일으키게 하는 중요한 사상적 계기를 조성해주는 정치적 성격을 지니고 있음을 알 수 있습니다.

다음으로 일심론은 **통합의 상황**을 조성한다는 것입니다. 사회의 분열은 일심이라는 논리를 정치현실에 투영시킴으로써 정치가 무엇을 지향해야 하는지에 대한 근본지를 일심론은 제공해준다는 것입니다. 이 점은 일심론이 지니고 있는 대표적인 정치적 성격이라고 할 수 있습니다.

일심론은 분열을 넘어 통합으로 이끄는 사상적 원천으로서의 성격을 지니고 있고 동시에 인간 존재의 본성에 부합하는 하나됨으로의 귀결적인 논리로서 작용한다는 점에서 일심론이 지니고 있는 정치적 성격은 결코 과소평가할 수 없다고 생각됩니다. 이렇게 보면 일심론은 분열이 확산되고 있는 곳에서 적용할 수 있는 사상성을 지니고 있다고 생각합니다.

일심론은 원래의 마음에로의 회귀라는 인간 존재의 본질이라는 측면에서 한정하여 보는 것보다는 이렇게 정치현실과 연계해서 설명하면 보다 광범위한 의미를 부여할 수 있다는 생각입니다.

2. 화쟁론

화쟁론은 원효사상의 핵심적 내용입니다. 화쟁론은 원효사상의 중심인 일심론을 현실에서 실천하게 하는 실천태이자 작용태라고 할 수 있습니다. 이런 점에서 화쟁론의 근거·토대는 바로 일심론입니다. **일심론의 토대 위에서 화쟁론이 성립된 것**입니다.

첫째, 화쟁론은 일종의 갈등극복론이라고 할 수 있습니다. 그는 『십문화쟁론』 서문에서 다음과 같이 언급하고 있습니다.

> 헛된 논쟁들이 구름처럼 일어나 혹 내가 옳고 남이 그르다하며, 즉 나는 그러한데 남은 그렇지 않다하여 마침내는 하한(河漢)과 같은 논쟁을 이루었다.

신라의 대사상가로서 이러한 사회의 분열 현상을 방치할 수는 없는 것이었습니다. 그래서 그는 이러한 헛된 논쟁들을 회통시켜 하나의 길인 일미의 길로 인도하기 위해 화쟁의 논리를 제시하고 현실에서 실천했습니다.

이러한 원효의 통합의 노력에 대해 심재열 교수는 다음과 같이 언급하고 있습니다.

> 원효의 위대한 원융회통의 정신에 있다. 서로 다른 종지상(宗旨上)의 시비에 휘말리는 백가이쟁(百家異諍)의 실마리를 낱낱이 풀어서 모두 다 불타의 큰 진리의 바다에 되돌려 보냄으로써 일미(一味)의 한국적 회통불교를 이룩했음을 원효가 끼친 불교사상의 제일 위대한 업적이다.[181)]

갈등극복론으로서의 화쟁론에 대해 원효는 다음과 같이 언급하고 있습니다.

> 뭇 경전의 부분을 통일하여 만 가지 흐름을 한 맛으로 돌려 보내어 부처님의 지극한 공변(至公)됨을 열어 보임으로 백가의 서로 다른 다툼을 화합시키고 회통시켜서, 드디어 요란한 사생(四生)의 중생들로 하여금 둘이 없는 실다운 본성에 돌아가게 하며, 꿈꾸는 생사의 긴 잠을 깨워서 큰 깨달음의 지극한 과(極果)에 이르게 하며, 지극한 과의 큰 깨달음을 이루게 한다.[182)]

---

181) 심재열, 『원효사상 Ⅱ. 윤리관』(서울: 홍법원, 1983), p.22.
182) 원효, 『열반경종요』, 심재열, 앞의 책, p.23에서 재인용.

> 원래 막힘 없고 걸림 없는 법계의 법문은 법이랄 것도 없고 법이 아니라고 할 수도 없으며 문이랄 것도 없고 문 아닌 것도 아니로다. 그것은 큰 것도 아니고 작은 것도 아니며, 급하지도 않고 느리지도 않으며 움직이는 것도 아니고 고요한 것도 아니며 하나도 아니고 많은 것도 아니다. 큰 것이 아니므로 지극한 티끌이 되어 없다고 할 것도 없으며 작은 것이 아니므로 큰 허공이 되고도 남음이 있도다. 급하지 않으므로 능히 삼세의 무한 시간을 포함하고 느리지 않으므로 바탕자리에 입각하여 찰라에 들기도 한다. **하나도 아니고 많은 것도 아니므로 하나의 법이 일체법으로 되고 일체법이 곧 한 법이로다.** 이렇게 막힘이 없고 걸림 없는 법이 법계의 진리의 문이 되는 묘한 경계이니, 모든 대보살이 이렇게 들어가는 바 삼세의 모든 부처님이 이렇게 나가는 바이다.[183)]

갈등은 인간사회에서 늘 상존하는 것입니다. 인간 자체가 원천적으로 불완전한 존재란 인간 사이에는 항상 갈등이 꼬리를 물고 일어나는 것은 너무나 자연스러운 현상입니다. 문제는 이러한 갈등을 어떻게 해소하는가? 하는 것입니다.

갈등이란 "어떤 동기나 목표를 충족시키는 데 필요한 하나의 구체적인 반응이 다른 하나의 동기나 목표를 충족시키기 위한 반응과 양립 또는 조화될 수 없는 경우에 발생한다" 고[184)] 할

---

183) 원효, 『화엄경소』, 심재열, 앞의 책, pp.23-24에서 재인용.

수 있습니다. 그렇기 때문에 이 갈등을 그대로 방치할 경우 갈등이 있는 그 사회는 심각한 분열로 인해 분쟁화될 개연성이 높아지게 되는 것입니다.

갈등은 단위의 내적 및 외적 작용 또는 그 상호작용에 의하여 야기됩니다. 따라서 갈등의 개념은 사회나 조직과 같은 작은 개념과 밀접한 관련성이 있으며, 인간의 사회생활을 이해함에 있어 통합(integration)의 개념과 상대되는 퍼스펙티브를 갖는다고 할 수 있습니다.[185)]

이렇게 보면 갈등이 있는 곳에 분열이 있고 통합은 존립하기 어렵습니다. 당시 신라는 극단적인 갈등으로 인한 분열상태에 놓여 있었습니다. 당신의 화쟁의 조건으로서의 신라상황에 대해 김종의 교수는 다음과 같이 설파하고 있습니다. 이런 상황 속에서 당시의 최고의 지성이었던 원효로서 화쟁론을 제시한 것은 너무나 당연한 지식인의 수순이라고 할 수 있는 것입니다.

> 당시의 시대 상황으로 볼 때, 비록 신라 사회가 안고 있는 제도적인 문제점이 있었기는 하지만, 정치적인 면에서나 사상적인 면으로 화해와 융화의 필요성이 강조되던 때였다는 것이 일반적인 견해이다.

---

184) 구영록, 『인간과 전쟁 : 국제정치이론의 체계』(서울: 법문사, 1994), p.21.
185) 위의 책, p.21.

다시 말해 삼국의 통일 과정에서 안으로는 백성의 안정된 생활을 도모하는 일이 시급하였으며, 밖으로는 나라를 지켜야 하는 외교적 과제가 우선적으로 대두되었다. 뿐만 아니라 백제나 고구려의 유민은 겉으로는 통일된 국가의 백성으로 수용되었지만, 내면적으로 서로 다른 이질감을 완전히 용해시키지 못한 한계점도 표출되고 있었다.186)

둘째, 화쟁론은 조화론으로 연결되고 있었습니다. 그는 모든 사고의 양 극단은 오로지 상대적일뿐이라고 생각하고 있었습니다. 이렇게 보면 화쟁의 논리는 그 어떤 것에 대해서도 독단적인 절대주의에 빠지기를 거부하는 입장이라 할 수 있습니다. 이를테면 절대주의적 진리나 상대주의적 진리를 모두 거부하는데 있습니다. 따라서 모든 사고의 양극단 즉 없음과 있음(無有), 세움과 논파(立破), 펼침과 종합(開合), 이치와 사물(理事), 하나와 많음(一多), 같음과 다름(同異), 중생과 여래(衆生如來) 등의 개념들은 단지 상대적일 뿐이라고 판단합니다.187)

이러한 측면에서 원효는 『대승기신론소』에서 거침 없이 자신의 견해를 밝히고 있습니다.

---

186) 김종의, 앞의 책, p.223.
187) 위의 책, p.261. 인용문의 원 내용을 강의문구로 수정하였음을 밝혀둡니다.

개(開)하면 무량·무변한 가르침이 종(宗)이 되고 합하면 이문일심(二門一心)의 법이 요(要)가 된다. 이문 안에 만가지 뜻이 포함되나 어지러움이 없고 무변한 가르침이 일심에 모여 혼융한다.

원효는 일미 평등의 입장에서 모두 되살려 인정된다는 논리를 구성하고 있는 것입니다. 분별지에 집착하여 그것을 고수하면 그것은 논파되어야 하지만 분별지가 지양된 일미의 관점에서 보면 다 포용되어야 한다는 것입니다.

이러한 그의 견해를 그는 『대승기신론 별기』에서 다음과 같이 언급하고 있습니다.

모든 경계를 쉬게 하고 일심의 근원으로 돌아가나니 그 논은 입(立)하지 않는 바가 없고, 또한 파(破)하지 않는 바도 없다. … 이 논은 입하지 않는 것이 없으면서도 스스로의 주장까지도 세우지 않으며 파하지 않음이 없으면서 돌이켜 인정한다.

그럼 분별지에 의한 다툼은 어디에서 오는 것일까요? 바로 집착에서 온다고 원효는 말하고 있습니다. 집착을 버릴 때 조화가 발생하고 이 조화의 원리가 바로 화쟁의 논리인 것입니다. 화쟁론은 덮어놓고 하나가 되자는 것이 결코 아닙니다. 양극단을 조화하자는 것이 화쟁론입니다.

그래서 그는 『금강삼매경론』에서 화쟁론의 핵심을 다음과 같이 말하고 있습니다.

> 같을 수 없는 것은 같으면서 동시에 다른 것이고
> 다를 수 없는 것은 다르면서 동시에 같은 것이다.

이상과 같은 화쟁론은 여러 가지의 정치적 성격을 지니고 있는데 사회전반을 지배하고 있는 제반 갈등요소를 하나의 통합된 논리로 귀결하는 데 중요한 이론적 배경이 된다고 생각합니다. 지금 우리 사회는 물론이고 모든 국가사회의 경우 다양한 의견과 견해의 분출로 인해 갈등을 넘어 분쟁 그리고 전쟁의 상황에 이르고 있는 실정입니다.

이런 상황에서 화쟁론은 양 극단의 논리를 보다 넓고 포용적인 생각과 자세로 하나의 귀결적인 논리로 수용하는데 큰 역할을 한다고 생각됩니다. 그렇기 때문에 화쟁론은 사회에 내재되고 끊임없이 분출되고 있는 갈등요소들을 순조롭게 융합하는 방안을 제시하는 정치적 성격을 지니고 있다는 점에서 매우 중요하다고 생각합니다.

내 주장만이 옳다는 생각이 정치의 현장을 지배한다고 해도 결코 과언이 아닙니다. 그러나 내 주장이 옳으면 남의 주장은 틀린 것이 되고 남이 자신의 주장을 틀렸다고 스스로 고백하거나 수정하지 않으면 사회에는 큰 갈등이 내연화되고 구조화되기 십상입니다.

그래서 화쟁론은 조화론으로 연결되게 됩니다. 조화는 사랑을 기초로 하는 상생의 논리이자 화합의 장을 조성합니다. 이런 점에서 화쟁론은 조화적 정치론이라고 규정할 수 있습니다. 하나의 주장이 있으면 반드시 그에 반대하는 또 다른 주장들이 분출되기 마련입니다. 이런 상황에서 화쟁론은 제반 주장들을 조화롭게 하는 타협과 소통의 정치를 보여준다는 점에서 매우 중요한 정치적 성격을 지니고 있다고 생각합니다.

3, 무애론

무애론은 일심론을 기초해서 화쟁론을 거쳐 나타나는 삶의 모습(양태)이자 일심론이 내재된 철학있는 삶의 결과물입니다. 이런 점에서 무애론은 현실을 기초해서 정립된 초월적 인간의 모습이라고 할 수 있습니다.

이렇게 보면 일심론, 화쟁론 및 무애론의 관계를 설명하면 첫째, 일심사상은 원효의 전 사상의 내표적 의미가 있는 사상입니다. 다시 말하면 일심론은 원효사상의 중심적인 논리를 구성하고 있습니다.

둘째, 이를 현실에서 실천하기 위한 방편이 바로 화쟁론입니다. 다시 말하면 화쟁론은 일심론의 현실적 실천태라고 할 수 있습니다. 일심의 경지에 이르려면 반드시 현실의 갖은 갈등과 분쟁과 다툼의 의미를 성찰하고 원래의 마음으로 돌아가야 합니다. 그러기 위해서는 분별심을 버려야 하고 망념을 제거해야 하는데 그것을 이루는데 도움을 주는 논리가 바로 화쟁론입니다. 즉, 화쟁론은 현실의 제반 문제의 해결을 통해 일심으로 회귀하는 것을 말합니다.

셋째, 무애론은 화쟁을 통해 일심으로 돌아감으로써 깨달음의 경지에 이른 상태를 설명하는 논리입니다. **무애론은 각인의 논리이고 우리가 걸어가야 할 인간의 최종적인 깨달음의 모습**이라고 할 수 있습니다. 즉, 무애론은 화쟁으로 일심을 얻은 이들의 행동체계를 그대로 설명하고 있는 것이라고 할 수 있습니다.

원효가 "일체의 걸림이 없는 사람만이 한 길로 생사를 벗어난다."는 구절을 인용하면서 노래 부르고 박을 치면서 수많은 촌락을 걸어 다니며 교화하는 그 모습이 바로 무애의 단계라고 할 수 있습니다. 이러한 무애의 단계는 이미 언급한 무지의 지를 체득한 진정한 철학자가 취할 수 있는 단계라고 할 수 있습니다.

이 무애의 단계에서는 그 어떤 논변도, 시선에도, 비난에도 흔들리지 않고 오직 자신의 철학적 신념에 따라 행동하게 됩니다. 원효는 화쟁론으로 세상과 소통하고 양 극단의 논리들을 다 수용·포옹함으로써 진정한 철학도, 진정한 각인의 모습을 실생활에서 보여주었습니다. 그것은 바로 무애의 모습입니다.

이 무애론은 분별심을 넘어 자기 주장에 집착하지 않고 넓은 바다와 같은 마음으로 세상을 보고 관조할 수 있는 단계를 설정하고 있습니다.

정말 그 어떤 사심도 없는 어린아이와 같은 순수한 마음 자체로 삶을 영위하니 그 어떤 걸림이 있겠습니까? 이러한 모습이 바로 원효가 말하는 무애론의 현실적 실제 모습인 것입니다. 자유자재로 행동하고 주체적으로 판단하고 그리고 남과 다투지 않으면서도 나와 남을 하나로 만들게 하는 모습 그것이 바로 원효가 말하는 무애의 모습인 것입니다.

이러한 무애론을 현실에서 펼치는 이가 바로 각인이고 성인이고 진인인 것입니다. 이에 대해 원효는 『금강삼매경론』에서 다음과 같이 언급하고 있습니다.

> 성인(聖人)의 행위가 비록 다르다고 하나 성인에게 있어서의 행위(行)와 이치(理)는 일미(一味)이며, 두루 통하는 이치와 지혜는 평등하다. 평등이요 일미이므로 성인에게 있어서 다를 수도 없고, 전체적인 면도 있고 나누어진 면도 있으므로 성인에게 있

어서 같을 수도 없다.

이러한 성인의 길은 바로 무애의 길입니다. 무애론을 터득한 이는 불도에 대한 굳은 믿음으로 깨달음을 이루고 민중교화에 모든 것을 바치게 될 것입니다. 역시 그는 『금강삼매경론』에서 금강을 설명하면서 "덜고 덜어서 무위로 도달한다."고[188] 하였습니다. 무위는 "덜고 덜어서 도달할 수 있는 것"입니다. 여기서 덜고 덜어서의 대상은 당연합니다. 자신이 배운 것, 훈습한 것, 배움에 의한 분별심 등을 덜고 덜어야 한다는 것입니다.

무애에 의한 행은 걸림이 없는 행을 말합니다. 걸림이 없는 행이란 자기극복을 말하고 니체가 말하는 초인의 행이고 장자가 말하는 진인의 행이고 유가에서 말하는 성인의 행이고 불교에서 말하는 부처의 행입니다.

'걸림이 없는 행위(無碍行)'란 인간 활동에 외적으로 주어진 대상세계의 고립성을 부정하고 거부함으로써 주체의 역동성을 열어놓는 행위입니다.[189] 무애의 행은 자연스럽게 나와 너의 단절을 극복하게 하고 사회의 숱한 갈등을 수습하여 하나의 마음으로 이끌게 합니다. 무애의 행은 바로 대승에서 말하는 중생교화

---

188) 損之又損之 以至於無爲.
189) 김종의, 앞의 책, pp.296.

의 바로 그 행이기도 합니다.

이러한 무애론에 의한 무애행에 대해 원효는 『열반경종요』에서 다음과 같이 말하고 있습니다.

> 그러한 것이 아니지만 그러하지 않는 것도 아니다(非然而非不然). 그러나 그러하지 않기에 영원히 얻는 바 없으며, 그러하지 않음도 아니기에 얻지 못하는 바도 없다. 이와 같이 걸림이 없는 까닭에 무애자재하다고 한다.

무애론이 지니고 있는 정치적 성격은 결코 간단하지가 않습니다. 구애론과 정치를 연계해서 설명하면 다양한 면을 생각할 수 있습니다. 무애론에 의한 정치는 사심 없는 정치로 연결되게 됩니다. 무애는 무명에서 벗어나 자유자재롭게 행하는 깨달음의 단계에서 볼 수 있는 것입니다. 이런 점에서 무애의 정치는 자기를 벗어난, 자기를 극복한 진정한 각인의 정치입니다. 이는 자기를 버린 정치이자 사심을 버린 정치의 양태를 말합니다. 정치를 책임진 이들이 사심을 가지고 있을 때 정치는 제대로 된 역할을 할 수 없습니다.

그리고 무애의 정치는 일종의 정의론입니다. 정의는 공정성과 공평성을 전재합니다. 그렇기 때문에 무애론은 나란 개인의 이익을 벗어난 인간 존재의 실천행을 조성하기 때문에 자연스럽게 전체 공동체의 이익을 위한 방향으로 나아가게 되는 것은 너무나 당연하다고 생각합니다. 무애의 정치가 현실에서 실현된다면 우리가 교과서에서만 존재하는 정의론이 실제적으로 실현되는 결정적 계기가 될 것으로 믿어 의심치 않습니다.

4. 원효의 정치사상 평가

지금까지 원효의 정치사상을 일심론, 화쟁론 및 무애론의 차원에서 간단하게 살펴보았습니다. 일심론, 화쟁론 및 무애론에 대한 분석이 순수철학에서의 분석과 별 차이가 없다고 여겨질 수 있을 것입니다.

그 근본적인 내용은 순수철학이나 정치사상(정치철학)과 큰 차이는 없겠지만 현실의 적응과 평가에 있어서는 완전한 차이점을 형성한다고 생각합니다. 이를 하나하나씩 살펴보기로 하겠습니다.

첫째, 원효의 일심론은 우리로 하여금 사필귀정의 철리를 일깨워준다는 것입니다. 늘 가슴에 정의론을 세우고 이 사회의 분열행동과 투쟁할 때 우리 사회는 아름다운 사회가 될 것으로 확신하였습니다.

사회의 수많은 분열상과 싸울 때 가장 선두에 내세울 수 있는 논리가 바로 일심론이라고 할 수 있습니다. 일심론은 우리 인간 존재의 근본지이고 통합의 논리입니다.

분열이 있는 곳에는 결코 발전이 없습니다. 일심론은 하나의 논리를 뜻하는 것이 아닙니다. 인간과 사회의 저변을 형성하는 로고스이고 진리입니다. 그런 점에서 일심론은 사회와 국가가 양단될 정도로 분열되어 있을 때 우리로 하여금 우리 자체의 모습으로 돌아가자는 주장의 이론적 근거를 제공합니다.

일심론은 민중을 교화해야 한다는 점을 중요시 여기는 논리입니다. 그렇기 때문에 일심론은 단순히 자기만의 깨달음을 위한 자기극복의 논리만이 아닙니다. 일심론은 중생심을 기초하고 있기에 민중들의 고통과 아픔을 외면하지 않아야 한다는 논리를 세우고 있는 것입니다.

이런 점에서 일심론은 인간 스스로가 자신의 존재성과 정체성을 제대로 밝히고 이를 근거로 해서 이원적인 분열성에서 벗어나 진정한 통합을 위한 정치논리적 성격을 지니고 있다고 생각합니다.

둘째, 화쟁론은 우리로 하여금 분열의 극한적 상황을 이겨내는 방법을 제시해주고 있다고 생각합니다. 즉 화쟁론은 갈등을 넘어 조화와 상생론의 이론적 근거를 제시하고 있다고 평가할 수 있습니다.

사회나 정치에 있어서 자기의 일방적인 주장은 하기가 어렵지 않습니다. 남을 의식하지 않고 자기만의 주장이 옳다고 하면 매우 용기가 있고 기백이 있는 사람과 같이 취급당하는 경향이 있습니다. 그러나 이러한 경우가 사회나 정치의 주류를 형성하게 된다면 존재하는 것은 다툼과 갈등의 난무뿐입니다.

정치의 가장 중요한 역할을 국민의 고통을 덜어주고 국민의 마음에 미래에의 희망을 새기게 하는 것입니다. 그리고 정치는 국민 상호 간에 혹은 정파의 개별적 이익의 혼돈을 적절한 대화와 타협으로 조화롭게 하는 것이 그 무엇보다 중요하다고 생각합니다. 이런 점에서 화쟁론은 바른 정치, 참다운 정치의 역할을 조성하는데 매우 중요한 이론적 의미가 있다고 생각합니다. 화쟁론이 지니는 그 깊은 의미는 이 자리에서 다 설명하기 어렵지만 가장 중요한 기능은 갈등을 넘어서 진정한 공동체의 구축을 위한 이론적 근거를 제공해준다고 할 수 있습니다.

셋째, 무애론은 한국과 세계정치의 이상향을 이끌어 가야할 참된 인간상을 제시해주고 있다는 것입니다. 민중과 호흡을 같이 하면서 사심이 없는 인간이 역사와 민족을 이끌어가는 참된 정치인의 모습임을 웅변적으로 보여주고 있는 것입니다.

이런 점에서 무애론은 오늘날 정치의 문제점을 극복하기 위한 바람직한 정치론으로서의 의미가 있다고 생각됩니다. 무애론은 결코 저절로 인간의 내면에 체화된 것이 아니라 일심론을 통해 근본이 결정되면 화쟁론을 통해 사회와 개인 간의 갈등을 흡수함으로써 생성되는 깨달음의 경지를 위한 이론적 토대이자 이상국가에서의 정치인과 국민의 바람직한 모습이라고 할 수 있습니다.

일심론과 화쟁론의 결과로 나타나는 무애론은 이상적 사회에서의 모습만이 아니라 우리가 몸담고 있는 이 현실을 진정으로 환골탈태식의 변화의 현장으로 변모시킬 수 있는 계기를 조성한다는 점에서 매우 의미 있는 정치론이라고 할 수 있습니다.

넷째, 화쟁론의 이론을 보면 너무 이상론적인 차원에서 전개되고 있다는 비판을 할 수 있습니다. 사실 우리가 살고 있는 이 삶의 현장은 때론 시시비비가 있을 때가 분명히 있고 완전히 상대를 타파해야 할 때도 분명히 있습니다.

이런 점에서 화쟁론에서 강조되고 있는 지나친 조화론은 정의의 실종, 선악구별의 모호감으로 연결될 수도 있습니다. 양극단의 경우 하나의 조화된 의견으로 통합하는 것이 실상 가능한지 가능하더라고 그것이 옳은 것인지에 대해서는 많은 논쟁거리라고 생각됩니다.

다섯째, 정치는 현실인데 너무 당위론적인 측면에서 논의를 전개하다보니 정치현실과는 맞지 않는 부분이 많이 있다는 것입니다. 적극적 평화는 악의 제거에서 출발·완성될 수 있는데 화쟁·일심·무애론은 이런 점에서 비현실적이하는 비판의 소리가 있을 수 있습니다.

물론 공동체 내에서는 다툼과 갈등의 경우 얼마든지 원효의 사상논리에 의해 조화되고 융화될 수 있습니다. 그러나 공동체를 훼손하고 파괴하려고 하는 반공동체 분자나 세력에 대해서 단순히 화쟁하고 무애하는 행동은 오히려 그 세력을 확장시킬 개연성이 크다는 사실입니다.

이런 점에서 원효의 사상이 전적으로 완전한 양태이고 모든 현실적 상황에 적용할 수 있다는 생각은 잘못된 생각입니다. 상황에 따라 일심이나 화쟁이나 무애의 차원을 넘어 때로는 투쟁을 할 때도 있고 싸움을 할 때고 있고 전쟁을 할 때도 있다고 생각합니다. 그렇기 때문에 원효의 사상이라고 해서 절대적인 준거는 될 수 없다고 하겠습니다.

그럼에도 불구하고 원효의 정치사상은 우리가 꿈꾸는 이상적 정치의 구현을 위한 사상적·실질적 원동력으로서 큰 의미가 있다고 생각합니다. 이런 점에서 원효의 정치사상은 우리 정치의 등불 내지 길잡이가 될 것으로 확신합니다.

원효의 사상 특히 사상의 정치적인 측면은 오늘의 정치상황의 갈등과 다툼을 전부 해결할 수는 없겠지만 오늘을 사는 우리로 하여금 진정한 화해와 협력은 무엇인지를 깨닫게 하는 사상적 시금석이 될 것으로 확신해마지 않습니다.

원효는 지금의 시대와 너무나 상이한 시공간에서 생존하였지만 그의 사상의 깊은 뜻은 현재는 물론이고 미래를 밝히는 횃불의 역할을 한다고 생각합니다. 원효가 일생동안 추구했던 사상적·철학적 바램을 우리는 늘 잊지 말고 조국의 통일과 평화를 위해 헌신해야 한다고 생각합니다.

지금 현재 우리가 몸담고 있는 여기 한반도는 대한민국 수립 이후 일찍이 유례가 없는 변곡점에 놓여 있다고 생각합니다. 북한정권의 경우 3대세습체제로 전제적 독재정권의 전형이라고 생각됩니다. 세계사의 거대한 변화의 물결로 볼 때 북한정권의 붕괴는 시간문제이고 이제 한반도에 자유와 인권 그리고 민주주의가 만개하는 참으로 아름다운 통일국가가 세워져야 할 시기에 이르렀다고 생각합니다.

이런 점에서 원효의 정치사상은 보편성과 합리성을 띠고 있다는 점에서 원효가 살던 신라시대의 시공간을 뛰어넘어 오늘날에도 적용가능하다고 분명히 믿고 있습니다. 원효의 화쟁론은 그냥 무작정 통합하자는 것이 아닙니다. 신라라는 공동체를 훼손하는 견해나 의견까지 용납하자는 것이 아닙니다.

원효의 화쟁론은 일심론이라고 하는 불법의 만구진리를 기초하고 있습니다. 일심론은 자유와 평등과 인권이라고 하는 붓다의 정신을 포용하고 있는 보편적 사상입니다. 이런 점에서 화쟁론에 대한 왜곡된 논리로 시대착오적이고 반민족적인 북한정권과의 무조건적인 화해를 강조하는 데 일부 적용하는 무리들의 경우 원효의 사상을 완전 왜곡하는 것이라고 비판하지 않을 수 없습니다.

원효의 일심론, 화쟁론 및 무애론은 순수철학적 의미도 있지만 원효 자신의 삶을 유심히 살펴볼 때 그의 제반 사상은 정치사상으로서의 의미가 매우 크다는 것을 분명히 인식할 수 있습니다. 물론 여기서 정치사상으로 다룬 일심론, 화쟁론 및 무애론은 순수철학의 사상으로서도 일찍이 분류화되어 왔기 때문에 정치사상과의 차별성의 차원에서 보면 혼선이 있을 수 있다고 생각합니다.

그러나 정치사상이라고 해서 필자가 마음대로 원효가 말한 바, 주장한 바를 바꾸어 사용하기 어렵기 때문에 그의 철학사상인 일심론, 화쟁론 및 무애론을 차용한 것입니다. 그렇다고 해서 정치사상으로서의 성격과 의미가 부족하다는 것은 결코 아니기 때문에 원효가 사용한 용어를 그대로 사용하였다는 것을 밝히는 바입니다.

여기서 부족하고 미비한 점은 향후 원효에 대한 연구를 보다 진척한 후 보완해서 발표할 생각임을 분명히 밝혀둡니다. 아무쪼록 이 강의를 기초해서 원효에 대한 관심을 많이 가져주기 바라마지 않습니다. **원효는 사상과 철학의 바다**라고 할 수 있습니다. 여전히 원효에 대한 연구는 "영원한 미답지"라고 할 정도로 연구할 대상과 주제가 무궁무진하다는 사실을 말하면서 원효 강의를 마치도록 하겠습니다. 감사합니다.

참고문헌

고영섭, 『원효 : 한국 사상의 새벽』(서울: 한길사, 1999)
고영섭, "원효의 통일학," 불교전기문화연구소(편), 『원효사상의 현대적 조명 Ⅰ』(서울: 불교춘추사, 2006)
구영록, 『인간과 전쟁 : 국제정치이론의 체계』(서울: 법문사, 1994)
김계숙, 『서양철학사(개고신판)』(서울: 일조각, 1991)
김구, 『백범일지』(서울: 교문사, 1980)
김남선, 『원효, 만해, 김시습』(서울: 도서출판 정토, 1989)
김도공, "원효, 그 깨달음의 사상체계," 불교전기문화연구소(편), 『원효사상의 현대적 조명 Ⅰ』(서울: 불교춘추사, 2006)
김부식(지음)·이병도(역주), 『삼국사기』(서울: 을유문화사, 2004),
김상현, 『역사로 읽는 원효』(서울: 고려원, 1994)
김종의, 『원효, 편견을 넘어서다』(부산: 도서출판 이경, 2012)
『대각국사문집』 권15.
노자, 『도덕경』
마광수, 『운명』(서울: 사회평론, 1995),
마명, 『대승기신론』.
『맹자』.
박종홍, 『철학개설』(서울: 박영사, 1968),
백련선사간행회(번역), 『임제록·법안록』(서울: 장경각, 2008),
서영애, "원효의 일심사상 연구," 『원효학 연구』, 제6집(원효학연구원, 2001)
소광희, "영원한 수수께끼, 인간의 자기 인식," 소광희외(공저), 『인간에 대한 철학적 성찰』(서울: 문예출판사, 2004)

손정인, “풍류도와 화랑정신,” 이광률외(공저), 『민족정신의 원류와 전개』(경산: 경산대학교출판부, 2000)
송기호, “제3장 신라 중대사회와 발해,” 한국사특강편찬위원회(편), 『한국사특강』(서울: 서울대학교출판부, 1997)
심재열, 『원효사상 Ⅱ. 윤리관』(서울: 홍법원, 1983),
안호상, 『단군과 화랑의 역사와 철학』(서울: 사림원, 1979)
양근석, “화랑도의 윤리사상,” 『국민윤리연구』(한국국민윤리학회, 2002)
『열반경』.
원순, 『초발심자경문 : 마음 닦는 이를 위하여』(서울: 도서출판 법공양, 2010).
원효(저)·은정희(역주), 『금강삼매경론』(서울: 일지사, 2007),
원효, “금강삼매경론,” 한국불교전서편찬위원회(편), 『한국불교전서』, 제1책(동국대학교 출판부, 1979)
원호(저)·은정희(역주), 『대승기신론소·별기』(서울: 一志社, 2006),
원효(저)·이기영(역), 『금강삼매경론』(서울: 삼성출판사, 1975),
원효(저)·이기영(역), 『대승기신론소·별기』(서울: 삼성출판사, 1975),
원효, ‘대승육전참회,“ 원효전서국역간행회(편), 『국역원효성사전서』, 권6(서울: 대한불교원효종원효전서국역간행회, 1989),
원효, “무량수경종요,” 한국불교전서편찬위원회(편), 『한국불교전서』, 제1책(동국대학교 출판부, 1979)
원효, 『발심수행장』.
원효, ‘법화경종요’, 한국불교전서편찬위원회(편), 『한국불교전서』, 제1책(동국대학교 출판부, 1979)
원효, 『보살계본지법요기』.
원효, 『본업경소』.
원효, ‘본업경소,’ 한국불교전서편찬위원회(편), 『한국불교전서』, 제1책(동국대학교 출판부, 1979),
원효, “십둔화쟁론,” 한국불교전서편찬위원회(편), 『한국불교전서』,

제1책(동국대학교 출판부, 1979)
원효, “열반경종요,” 한국불교전서편찬위원회(편), 『한국불교전서』, 제1책(동국대학교 출판부, 1979)
원효, “유심안락도,” 한국불교전서편찬위원회(편), 『한국불교전서』, 제1책(동국대학교 출판부, 1979),
원효, 『화엄경소』.
원효, ‘화엄경소’, 한국불교전서편찬위원회(편), 『한국불교전서』, 제1책(동국대학교 출판부, 1979)
유병덕, “통일신라시대의 풍류사상,” 한국철학회(편), 『한국철학사(상권)』(서울: 동명사, 1987)
이광수, 『원효대사 1』(서울: 화남, 2006)
이민수(주해), 『법화경』(서울: 홍신문화사, 2006)
이종욱, 『대역 화랑세기』(서울: 소나무, 2005)
이종욱, 『신라의 역사 1』(서울: 김영사, 2002)
이종욱, 『화랑 : 이종욱 교수의 테마 한국사 읽기』(서울: 휴머니스트, 2003)
이종익, “원효의 생애,” 불교전기문화연구소편, 『원효, 그의 위대한 생애』(서울: 불교춘추사, 1999),
일연(지음)·김원중(옮김), 『삼국유사』(서울: 을유문화사. 2005),
정경환, 『인권과 정의』(부산: 도서출판 이경, 2013)
정경환, 『한국정치사상사 : 고대에서 현대까지』(부산: 도서출판 이경, 2014),
정천구, 『금강경공부하기(개정판)』(서울: 작가서재, 2013),
진덕규, 『한국정치의 역사적 기원』(서울: 지식산업사, 2002),
최유진, “원효의 화쟁에 대하여,” 불교전기문화연구소(편), 『원효사상의 현대적 조명 Ⅰ』(서울: 불교춘추사, 2006)
최호(역주), 『화엄경』(서울: 홍신문화사, 2007),
한자경, 『대승기신론 강해』(서울: 불광출판사, 2014)

허만성, 『한국사의 이해』(대구: 형설출판사, 1995)

Fromm, Erich, The Revolutuin of Hope, 이극찬(역), 』희망의 혁명』(서울: 현대사상사, 1977)

Raphael, D. D., Moral Philosophy, 김영철·김우영(옮김), 『현대도덕철학』(서울: 서광사, 1988)

틸로빠(송)·브하그완 슈리 라즈니쉬(강의)·석지현·홍신자(역주), 『마하무드라의 노래 : 인도의 명상과 신비를 통해 깨달음으로 가는 길』(서울: 일지사, 1985),

플라톤(저)·황문수(옮김), 『소크라테스의 변명』(서울: 문예출판사, 2007)

월폴라 라홀라(저)·전철승(역), 『붓다의 가르침』(서울: 대원정사, 1988)

원효 강의 : 원효의 공부법과 정치사상

지 은 이 | 정경환
펴 낸 이 | 이정화
펴 낸 곳 | 도서출판 이경
책임편집 | 이경기획
기획편집 | 이경기획
디 자 인 | 이경기획
교 정 | 정유경

초판1쇄 발행 2014년 12월 21일
재판1쇄 발행 2015년 7월 27일

I S B N | 978-89-6823-014-1 (94300)

가 격 | 13000원

주 소 | 부산시 북구 금곡동 695
출판등록 | 제02-08-112호(2004. 8. 4)
전 화 | 051-334-8881(代)
팩 스 | 051-558-3501
이 메 일 | leekyung21c@naver.com
블 로 그 | http://blog.naver.com/leekyung21c
총 판 | 한국출판협동조합(Tel. 02-716-5616~9)